Kleine Bonner Stadtgeschichte

Rudolf Zewell

Kleine Bonner Stadtgeschichte

Verlag Friedrich Pustet
Regensburg

Umschlagmotiv:
Blick vom Beueler Ufer auf Bonn. Im Vordergrund die Anlegestelle der Gierfähre. – Stahlstich nach Tombleson, um 1835.

Bibliografische Information der Deutschen Nationalbibliothek

Die Deutsche Nationalbibliothek verzeichnet diese Publikation in der Deutschen Nationalbibliografie; detaillierte bibliografische Angaben sind im Internet über http://dnb.d-nb.de abrufbar.

www.pustet.de

ISBN 978-3-7917-2053-1

Umschlaggestaltung: Kulturdesign Anna Braungart, Tübingen
Gesamtherstellung: Friedrich Pustet, Regensburg
Printed in Germany 2007

Inhalt

Vorwort

Und immer wieder ein Neuanfang …

Wie andere Städte wurde auch Bonn durch die Jahrhunderte von Katastrophen und kriegerischen Ereignissen heimgesucht. Ihnen folgten Phasen des Wiederaufbaus, in denen der Selbstbehauptungswille der Bürger siegte. Das rheinische Naturell mochte nicht wenig dazu beigetragen haben.

Selten dauerten die Friedensperioden länger als ein Menschenleben. Zu den einschneidenden Ereignissen gehörte gewiss die Zerstörung der Stadt 1689 durch tagelanges Bombardement feindlicher Truppen. Umso glanzvoller ließ Kurfürst Clemens August aus dem Hause Wittelsbach Bonn zur Residenz ausbauen. Der Untergang der kurfürstlichen Herrschaft 1794 unter dem Marschtritt französischer Revolutionsheere war eine historische Zäsur für die Stadt und wurde auch als solche empfunden. Eine neue Ära begann, als die Rheinlande nach Napoleons Sturz zu Preußen kamen. Die Gründung der Universität machte für Bonn den Verlust der Residenzfunktion teilweise wett.

Das 19. Jahrhundert brachte der Stadt eine lange Periode der friedlichen Entwicklung. Bonn erwarb sich in dieser Zeit das Image einer wohlhabenden Kommune, in der sich betuchte Rentiers niederließen. In der Zeit nach 1918 führte der Weg von der Depression in die Diktatur und wiederum in den Krieg. Auch Bonn blieb von Zerstörung nicht verschont. Im Oktober 1944 ging die gesamte Altstadt im Bombenhagel unter. Doch nur wenige Jahre später, mitten im Wiederaufbau, fiel der Stadt das Glück zu, Wiege der deutschen Nachkriegsdemokratie zu sein. Hier tagte der Parlamentarische Rat, hier wurde das Grundgesetz ausgearbeitet und verabschiedet, 1949 die Bundesrepublik Deutschland begründet. Bonn wurde provisorische Bundeshauptstadt.

Die Stadt hat ihre außergewöhnliche Rolle erst mit großen Anstrengungen, dann mit immer größerer Selbstverständlich-

keit erfüllt. Bis heute haben die einzelnen Ortsteile, aus denen Bonn zusammengewachsen ist, viel von ihrer Identität bewahrt. In der großen kommunalen Strukturreform von 1969 wurde Bonn mit Bad Godesberg, Beuel, Duisdorf und anderen Orten vereinigt. Die Bundeshauptstadt konnte sich nun als mittlere Großstadt fühlen. Aus dem „Provisorium" war längst ein Faktum geworden. Bedeutende Projekte wurden angepackt, neue Regierungsgebäude entstanden, Planungsphantasie war gefragt. Dann kam die politische Wende in Europa und die Wiedervereinigung Deutschlands. Mit umstürzenden Folgen für Bonn.

Am 20. Juni 1991 beschloss der Deutsche Bundestag, seinen Sitz und den Kernbereich der Regierungsfunktion nach Berlin zu verlegen. Für die Stadt am Rhein, bisher politischer Mittelpunkt der Bundesrepublik, war dieser mit nur knapper Stimmenmehrheit getroffene Beschluss ein Schock – auch wenn nicht wenige diesen Ausgang des „Hauptstadtstreits" erwartet hatten. Für viele Menschen in Bonn und im Umland war die politische Entscheidung mit tief greifenden persönlichen Konsequenzen verbunden. Das Wort „Umzug" bestimmte damals den Alltag. Würde Bonn den Aderlass verkraften?

Es war bald klar, dass die ehemalige Bundeshauptstadt nicht so einfach ihrem Schicksal überlassen werden sollte. Ein 1994 verabschiedetes Gesetz garantierte der Stadt mit dem Verbleib von sechs Bundesministerien die Präsenz wichtiger Politikbereiche. Und es eröffnete auch dem Umland Chancen für eine zukunftsfähige Entwicklung. Eine unvergleichliche Ära in der Stadtgeschichte war zu Ende gegangen, eine neue für die „Bundesstadt" begann – als Standort von UN-Organisationen und anderer internationaler Einrichtungen, großer weltweit agierender Konzerne und nationaler Wissenschaftsinstitutionen. Bonns Oberbürgermeisterin Bärbel Dieckmann zog zehn Jahre nach Unterzeichnung der Ausgleichsvereinbarung eine erste Bilanz: „Das Gegenteil von dem, was 1991, im Jahr der Umzugsentscheidung, befürchtet worden war, ist eingetreten … Selten wurde eine Chance so effektiv genutzt wie der Wandel in Bonn."

Topographie und Vorgeschichte

Vulkane und Terrassen am Rheinstrom

Wo der Rhein die „romantischen“ Passagen seines Laufes endgültig hinter sich lässt und aus dem Schiefergebirge eintritt in die trichterförmig sich öffnende Kölner Bucht, finden sich Hinweise auf Besiedlung über viele Jahrtausende. Für die Menschen jener vorgeschichtlichen Zeiten war die Wahl des Ortes eine Frage des Überlebens. Sie achteten auf günstiges Klima, Beschaffenheit des Bodens und eine Lage, bei der man Überblick hatte. Feinde gab es schließlich immer und überall.

Auch geologisch gesehen ist die Region alles andere als stabil. Im Tertiär vor 35 Millionen Jahren war nicht nur die niederrheinische Bucht infolge gewaltiger tektonischer Verschiebungen entstanden, es wurde überhaupt erst die Entstehung des heutigen Rheintales entlang der Bruchlinien möglich. Die vulkanischen Spitzen des Siebengebirges sind nicht die einzigen Zeugen jener die Erdoberfläche verändernden Vorgänge, auch linksrheinisch gibt es erloschene Vulkane wie den Godesberg, von dem der Ort seinen Namen hat. Der jüngste Vulkan auf Bonner Stadtgebiet, der Rodderberg, soll noch vor 30 000 Jahren zum letzten Mal ausgebrochen sein. Selbst heute gibt es von Zeit zu Zeit spürbare tektonische Entladungen in der Rheinischen Bucht. Das nächtliche Erdbeben vom 13. April 1992 fuhr den Bonnern nicht nur sprichwörtlich in die Glieder. Eine angenehme Folgeerscheinung des einstigen Vulkanismus bildet das Kohlendioxid in den Mineralquellen der Gegend. Bad Godesberg verdankt ihnen seinen Aufstieg als Kurort.

Die letzte geologische Formung des Rheintales in dieser Region begann vor 100 000 Jahren und endete vor etwa 11 000 Jahren. In der damaligen Kaltzeit hatte der Strom hier eine Breite von etwa sechs Kilometern. In seinen weit verzweigten Armen führte er riesige Massen von Sand und Schotter durch die steppenartige Landschaft mit und lagerte sie ab. Nach Ende der letzten Kaltzeit haben sich zu beiden Seiten des Rheins Niederterrassen gebildet, die sich zehn bis 15 Meter erhoben und so ein zwar stromnahes, aber dennoch vor Hochwasser geschütztes Siedlungsland bildeten. Neben diesen Niederterrassen und den tiefer liegenden, bewaldeten Auen ist die Rinne eines diluvialen Rheinarms von großer Bedeutung für die Besiedlung im Bonner Raum geworden. Zwischen dieser teils sumpfigen Senke, „Gumme“ genannt, und dem Strom befand sich eine fast allseits geschützte Siedlungsinsel. Noch heute ist diese Senke an einigen Stellen im Stadtbild erkennbar.

Erste Spuren menschlicher Besiedlung

Die vorgeschichtlichen Fundstellen auf dem heutigen Stadtgebiet zeigen deutliche Spuren einer Besiedlung bereits in der Altsteinzeit. Berühmt geworden sind die Skelettfunde (Homo sapiens) im rechtsrheinischen Bonn-Oberkassel. Es handelt sich um einen etwa 50-jährigen kräftigen Mann und eine etwa 25-jährige Frau von grazilem Typ. Untersuchungen ergaben ein Alter von etwa 12 500 Jahren. Zugleich mit den menschlichen Überresten, die zu den wichtigsten späteiszeitlichen Funden in Europa gehören, sind 1914 im Steinbruch am Stingenberg auch Tierreste ans Tageslicht gekommen. Sie zählen zu den ältesten Haushund-Funden weltweit.

Unzählige in Bad Godesberg gefundene Faustkeile, Beile und andere Artefakte zeigen, dass es vermutlich ständige Besiedlung auf dem heutigen Stadtgebiet gab. Auf dem Venusberg (von Venn = Moor) wurde 1986 der Ringwall einer jungsteinzeitlichen Höhensiedlung ausgegraben. In der Latène-Zeit nahm die Bevölkerung im Bonner Raum deutlich zu. Es begann die Besiedlung der Kölner Bucht, die bis zur Römerzeit nicht mehr unterbrochen wurde. Mehr als ein Dutzend Siedlerstellen aus der Zeit zwischen den Jahren 250 und 50 v. Chr. haben die Archäologen auf Bonner Gebiet gefunden.

Das römische Bonn

Legionslager am Limes

Mit dem Eintritt ganzer Völker in „die Geschichte", etwa durch ihre Erwähnung in griechischen und römischen Werken, endet die vorgeschichtliche Zeit der Menschen auch in diesem Raum. Zumindest in ihrem mehr oder weniger festen Zusammenschluss als Volk oder Stamm werden sie nun namentlich fassbar. Träger der späten Latène-Kultur waren rechtsrheinisch die Sugambrer, links des Rheins die keltischen Eburonen, die zwischen Maas und Rhein siedelten. Für sie hatte die konfliktreiche Berührung mit der römischen Expansion katastrophale Folgen. Cäsars Truppen schlugen sie 53 v. Chr. nach einem Aufstand vernichtend, die Reste wurden zerstreut. Danach gab es kein Volk der Eburonen mehr. In das nun menschenleere Gebiet wurden – wohl in mehreren Etappen – Ubier angesiedelt.

Die Ubier
Von woher die Ubier kamen, ist bis heute nicht geklärt. Cäsar traf, wie er selbst berichtet, bei seinen beiden Rheinüberquerungen 55 und 53 v. Chr. mit Abgesandten der Ubier zusammen, er sagt aber nichts über ihren Wohnsitz. In der Forschung wird immer wieder das Hinterland des Neuwieder Beckens, das Gebiet der oberen Lahn und die nordhessische Senke genannt. Die Ubier waren der einzige germanische Stamm, der vorbehaltlos auf der Seite der Römer stand. Bei den Ubiern gab es keine ausgeprägte adelige Führungsschicht wie bei den Batavern und Treverern. Auch deshalb eigneten sie sich besonders gut für die römischen Ansiedlungspläne. Die Ubier wurden schnell assimiliert.

Auf dem hochwassergeschützten Gebiet zwischen Rhein im Osten und Gumme im Westen entstand ab etwa 40 v. Chr. eine neue einheimische Siedlung. Sie war mit ziemlicher Sicherheit ubisch. Als Bonn 1989 seine 2000-Jahrfeier beging, kam eine alte Frage wieder hoch. Es ging um die erste Erwähnung des Namens im Werk „Epitoma" des römischen Schriftstellers Florus, in der es über die Aktivitäten des Feldherrn Drusus heißt: „Am Ufer des Rheins errichtete er mehr als fünfzig Kastelle. Bonna und Gesoriacum verband er mit Brücken und sicherte sie durch Flotten." Dieses Bonna bei Florus ist Bonn, da sind sich die Forscher heute sicher. Doch ist mit Gesoriacum das einstige Gensem gemeint? Wohl kaum, denn das rechtsrheinische Dorf ist eine fränkische Gründung. Archäologische Beweise für eine Brücke über den Rhein wurden bis heute nicht gefunden. Florus, so neuere Theorien, könnte mit Gesoriacum eine völlig andere Gegend gemeint haben. Geklärt werden die Fragen um das Geburtsdatum letztlich wohl nicht. Die Stadt Bonn hat sich bei der Festlegung für das 2000-Jahr-Jubiläum für das Jahr 11 v. Chr. als Bezugspunkt entschieden. Es ist sozusagen der Mittelwert zwischen den Jahren 13 und 9, auf die sich der Florus-Bericht bezieht.

Die Blicke der Römer richteten sich auf die Gebiete östlich des Rheins. Neben Xanten, Neuss, dem neuen Hauptort Colonia Agrippina (Köln) spielte auch Bonn eine Rolle, zunächst als nicht befestigtes Durchgangslager. Erst nach dem Desaster der Varusschlacht 9 v. Chr., bei der die römische Germanienstrategie zusammenbrach, und den glücklosen Feldzügen gegen die Truppen des Arminius 16. n. Chr. wurden ständige Hilfstruppen, etwa 1000 Mann, nach Bonn verlegt. Der Rhein war nun östliche Außengrenze des Reiches. Hier lief der Limes entlang. Die Pläne, das Gebiet bis zur Elbe unter Kontrolle zu bringen, musste Rom begraben. Um 30 wurde die Legio I Germanica von Köln nach Bonn verlegt. Es wurde ein neues Lager nördlich des früheren Drusus-Kastells errichtet und ein Hafen angelegt. Seit dem Jahre 43 gab es ein ständiges Bonner Legionslager. Auf einem Areal von 27 Hektar lebten 6000 Soldaten – soviel Mann hatte eine Legion – und zudem 1000 Mann Hilfstruppen. Es war das größte bekannte Einlegionslager überhaupt, erst aus Holz, dann aus Stein errichtet. Südlich von ihm erstreckte sich die Lagervorstadt *(Canabae legionis)*. Die damals neu gebauten Straßen sind noch heute im Stadtbild erkennbar: Kölnstraße, Römerstraße, Bonngasse,

Altar für die Matronae Aufaniae, gestiftet von Q. Caldinius Celsus, einem römischen Beamten aus der Provinzhauptstadt Colonia Claudia Ara Agrippinensium (Köln). Der Kult der aufanischen Matronen hatte in Bonn sein Zentrum.

Heerstraße, Wenzelgasse, Stockenstraße, Adenauerallee. Das Wasser für das Legionslager kam aus dem Vorgebirge im Westen, erst in einer gemauerten Rinne, dann in einem Aquädukt.

Weihesteine und Matronenkult

Weiter im Süden, entlang der heutigen Adenauerallee entstand in der zweiten Hälfte des 1. Jahrhunderts eine planmäßig angelegte zivile Ansiedlung *(vicus)*, die mit ihren Reihenhäusern, Gartenflächen, Bestattungsplätzen, Straßen, Kanälen und – wie erst jüngste Ausgrabungen vor dem ehemaligen Bundestag zeigen – mit Tempel, Therme und weiteren repräsentativen Steinbauten einen Eindruck römischer Urbanität vermittelte. Hier dürfte hauptsächlich die romanisierte einheimische Bevölkerung gelebt haben. Handwerker, Töpfereien und Ziegeleien, Niederlassungen von Händlern sowie Rasthäuser und Kneipen gab es da.

Der traditionelle Kult war Teil des öffentlichen und privaten Lebens. Doch wurden von Legionären und Zivilisten auch „lokalen Göttern" Weihealtäre und Weihesteine gestiftet. Im 2. Jahrhundert breitete sich vor allem unter den Soldaten der aus dem Osten des Reiches stammende Mithraskult aus, ein Mysterienkult, zu dem nur Männer zugelassen waren. Ein am heutigen Palais Schaumburg gefundener Weihestein weist den Kölner Patrizier C. Candidinius Verus als Anhänger dieses Kultes aus. Der Fernhändler hat in Bonn aber auch den hier besonders verehrten „aufanischen Matronen" einen Opferaltar errichtet. Nirgendwo sonst im Reich gab es einen so intensiven Kult dieser übermächtigen weiblichen Gottheiten wie in der Provinz Niedergermanien – und Bonn war ein Zentrum der Verehrung. Die Weihesteine erzählen erstaunliche Geschichten: So bedankt sich der Centurio Q. Tarquitius bei der Jagdgöttin Diana dafür, dass er dank ihrer Hilfe in nur einem halben Jahr 50 Bären für das Kölner Amphitheater fangen konnte. Wo ihm das gelang, verrät die Inschrift leider nicht.

353 ging eine 60 Jahre währende Friedensperiode am Rhein jäh zu Ende, als die Franken die römischen Befestigun-

gen überrannten. Dabei dürfte nicht nur die Legio I Minervia aufgerieben worden sein, sondern auch der größte Teil der Zivilbevölkerung nicht überlebt haben. Doch selbst nach der Katastrophe blieb Bonn nach der Provinzhauptstadt Köln – Colonia Claudia Ara Agrippinensium – die größte umwallte spätantike Siedlung am Rhein. Das festungsartige Lager wurde in stark veränderter Form wieder aufgebaut.

Die ersten Christen in Bonn

Im 2. Jahrhundert breitete sich das Christentum im Westen des römischen Reiches aus. Um 250 ist Trier, wichtigste kaiserliche Residenz nördlich der Alpen, bereits Bischofssitz. Unter Konstantin wurde das Christentum zum offiziellen Kult im Reich erhoben. Gefördert vom Kaiserhaus führte dies bereits in der ersten Hälfte des 4. Jahrhunderts zu einer schnellen Ausbreitung dieser Religion, auch in den am Rhein liegenden Siedlungen.

Grabstein des Ursicinus mit Christogramm um 400. Grabfunde zeigen, wie sich das Christentum im Bonner Raum seit der 2. Hälfte des 4. Jahrhunderts ausbreitete.

Die Bildung einer christlichen Gemeinde auf Bonner Boden verbindet sich mit der Legende des Martyriums der Thebäischen Legion während der Christenverfolgung 291 unter Kaiser Maximian. Zu den Führern jener Legion gehörten Cassius und Florentius. Bald setzte die Verehrung der christlichen Märtyrer ein. Die Erinnerungsstätte für sie lag abseits des Militärlagers inmitten eines spätantiken Gräberfeldes: Es ist eine 2,35 Meter lange und 2,55 Meter breite *cella memoriae*, über der sich heute das Münster erhebt (die Totenmemorie wurde 1928 unter der Krypta wiederentdeckt und befindet sich heute im Rheinischen Landesmuseum, soll aber in ein Gewölbe unter dem Kreuzgang der Basilika zurückkehren).

Der Zusammenbruch der Römerherrschaft und die Landnahme der heidnischen Franken war zunächst ein Rückschlag für die Ausbreitung des christlichen Glaubens im Rheinland. Erst mit der Taufe des Frankenkönigs Chlodwig I. wendete sich das Blatt.

Bonn im Früh- und Hochmittelalter

Die Bonnburg wird Königsgut

Das römische Lager in Bonn wurde unter der Herrschaft der Franken im 5. Jahrhundert Königsgut und Vorort des Bonn- und Ahrgaus, der im Süden bis Sinzig reichte. Rechtsrheinisch erstreckte sich der Auelgau. Größter weltlicher Grundherr war der König als Erbe des römischen Fiskus in der Bonnburg, in Urkunden *castrum bunna* genannt. Er war auch Besitzer der Befestigung am rechten Ufer, am alten Rheinübergang beim Dorf Gensem. Er stellte Urkunden „bei Vilich" aus und hatte Besitz in Königswinter. Frankenkönig Theudebert I. – er regierte 533 bis 547 – ließ in Bonn Goldmünzen mit seinem Bildnis prägen. Vieles von dem verstreuten königlichen Besitz in und um Bonn ging im Laufe der Zeit durch Schenkung an Gefolgsleute oder an geistliche Einrichtungen über. Auf diesem Weg erhielt das Kloster Corvey den Königshof Kessenich, von wo es fortan seinen Wein bezog. Der heutige Bonner Ortsteil war zu jener Zeit eine kleine ländliche Siedlung. Der Name verweist darauf, dass sie schon vor der fränkischen Landnahme bestanden hat.

Ortsnamen

Die Ortsnamen im Bonner Raum sind aufschlussreich für die Siedlungsgeschichte. Namen mit der Endung -acum sind gallo-römischen Ursprungs, so etwa Kessenich, Endenich und Lessenich. Der überwiegende Teil der Ortsamen ist fränkisch. Auf die Landnahme der Franken verweisen nicht nur die Endungen -heim, -um oder -em (Mehlem), sondern auch die am häufigsten vorkommenden Namen mit der Endung -dorf. Dazu zählen Graurheindorf, Dransdorf, Poppelsdorf, Dottendorf, Duisdorf, Friesdorf, Lannesdorf, Muffendorf, Plittersdorf und Rüngsdorf. Da in einigen dieser Orte auch römische Funde gemacht worden sind, könnten diese Siedlungen älter sein. Möglicherweise sind sie von der ursprünglichen Bevölkerung aufgegeben worden und fränkische Neugründungen.

Es gibt unterschiedliche Theorien des Übergangs von der Römerherrschaft zum Mittelalter. War es ein katastrophenartiger Untergang und Neubeginn oder eher ein Übergang mit der Verzahnung unterschiedlicher Kulturen? Die Frage der Kulturkonstanz betrifft auch den hier behandelten Raum. Selbst die ländlichen Regionen spürten die Erschütterung in allen Bereichen des Lebens. Doch vor allem traf es die Städte. Mit dem Abzug der römischen Verwaltungsbeamten und des Militärs, aber auch großer Grundbesitzer brachen Wirtschaft und Handel massiv ein. Eine Konstante bildete das Christentum. Es konnte seine Kultstätten und seine Strukturen zum Teil erhalten und wurde so auch zum Bewahrer antiken Bildungsgutes.

Zwei Siedlungskerne der Stadt

Die frühmittelalterliche Stadt Bonn hatte zwei Siedlungskerne und – mit Blick auf die heutige Ausdehnung – mehr als ein Dutzend Dörfer mit eigenem Namen (einige sind schon genannt worden). In der „Bonnburg“ suchte die Bevölkerung in Zeiten der Völkerwanderung Schutz. Der südwestliche Teil des einstigen Legionslagers blieb noch lange Hauptort und mit St. Peter, der „Dietkirche“ (diet = Volk) auch ein Mittelpunkt des kirchlichen Lebens in Bonn. Hier wurde nach dem Jahr 1000 ein Nonnenkloster gegründet, das später adeliges Damenstift war. Seit ältesten Zeiten hatte das Kloster Dietkirchen das Recht, im Juni einen Markt abzuhalten. Er fand bis zum 17. Jahrhundert am Johanniskreuz statt, das heute auf dem Alten Friedhof steht. An das einstige Damenstift, das auch Pfarrrechte besaß, erinnert nur noch die an anderem Ort errichtete Stiftskirche. In deren Altarraum steht heute der Taufstein aus der alten Dietkirche. Der Wichelshof auf dem Areal des alten Legionslagers ist erstmals 948 urkundlich

◁ Das Bonner Münster. Der Bau mit den die Apsis flankierenden Türmen, dem Lang- und Querhaus und dem achteckigen Vierungsturm entstand unter Propst Gerhard von Are und seinen Nachfolgern im 12. Jahrhundert. Auf dem freien Platz vor der Apsis stand bis Anfang des 19. Jahrhunderts die Martinskirche, ein romanischer Rundbau. – Stich von Bernhard Hundeshagen, 1832.

erwähnt und der einzige fränkische Herrensitz, dessen Lage noch im Stadtbild erkennbar ist (das jetzige Gebäude stammt aus dem 18. Jahrhundert).

Es war aber schließlich eine andere Keimzelle, aus der sich im Mittelalter die Stadt entwickelte: das Stift St. Cassius und Florentius. Es entstand an geheiligtem Ort. Noch vor dem Jahr 400 war die *cella memoriae*, der Ort der Märtyrerverehrung, mit einer kleinen Saalkirche überbaut worden. Spätestens Ende des 7. Jahrhunderts bestand an dieser Kirche eine kleine Klerikergemeinschaft, ein Stift. Es dürfte sich um eine Eigenkirche der Kölner Bischöfe gehandelt haben. Um 780 wurde die Kirche erweitert und Mitte des 11. Jahrhunderts begann unter Erzbischof Anno II. der groß angelegte Neubau einer dreischiffigen Basilika mit Querschiff und Krypta. Die Kirche der Stadtpatrone war der Kern der *villa basilica*. Zu ihr gehörten auch die von einem reichen Bürger gestiftete und nicht mehr erhaltene Pfarrkirche St. Martin (ihr Grundriss ist heute im Pflaster abgesetzt) und St. Gangolf (ebenfalls nicht mehr erhalten). Die Stiftskirche war damals nach dem Kölner Dom die reichste Kirche im Erzbistum. Gerhard von Are, Propst von 1124 bis 1169 und eine überragende Persönlichkeit, ließ den Chorbau des Münsters erweitern und den Kreuzgang anlegen. Er konnte für das Stift die Burg Drachenfels im Siebengebirge und die Wasserburg in Poppelsdorf erwerben. Keine Bonner Institution hat so lange ohne Unterbrechung bestanden wie das Cassiusstift, nämlich elf Jahrhunderte (erst 1802 wurde es aufgelöst).

Vom heutigen Münsterplatz bis zur nicht erhaltenen Pfarrkirche St. Remigius (heute Remigiusplatz) erstreckte sich um 800 der karolingische *vicus bonnensis*. Diese Ansiedlung von Kaufleuten im Fernhandel zog sich vermutlich noch über den Markt bis zum Rhein hinab. Bonn war bereits wichtiger Umschlagsort für Wein. Der Normanneneinfall Ende des 9. Jahrhunderts traf die Kaufmannssiedlung schwer. Die Kleriker flohen mit ihren Reliquien und anderen Schätzen nach Mainz. Nach der Rückkehr wurde die Ansiedlung am Cassiusstift befestigt. Die alte „Bonnburg", die keinen Schutz mehr bot, war nun Vorstadt *(in suburbio bonnae)*.

Eberhard, Graf des Bonngaus

Die Bedingungen, unter denen sich die städtische Entwicklung vollzog, waren in jener Zeit bestimmt von den Herrschaftsverhältnissen im Land, einem ständigen Kampf um Macht- und Einflusssphären. Die Herrschaft stützte sich auf die Gefolgschaftstreue des Adels und der geistlichen Würdenträger zum König. In einer 913 ausgestellten Urkunde wird Eberhard, ein Bruder des ostfränkischen Königs Konrad I., Graf des Bonngaus genannt. Es ist die früheste namentliche Erwähnung eines Bonner Grafen.

Bonn war immer wieder Schauplatz großer Politik. 921 schlossen Karl der Einfältige und Heinrich I. auf einem im Rhein verankerten Schiff den Friedensvertrag von Bonn zwischen dem Ost- und dem Westfrankenreich. Karl erkannte Heinrich als König der Ostfranken und gleichberechtigten Herrscher an. Und im Jahr 942 berief der Kölner Erzbischof Wichfried eine Synode nach Bonn ein, an der 22 Bischöfe und auch König Otto I. teilnahmen. Der König, die Pfalzgrafen und der Erzbischof von Köln – das waren die Mächtigen des 10. und 11. Jahrhunderts am Niederrhein. Sie hatten auch in Bonn das Sagen. Die Erzbischöfe waren nicht nur geistliche Oberhirten, sondern auch weltliche Herren mit Besitz und Interessen. Die lokalen Belange der Herrschaft lagen für den Pfalzgrafen in den Händen eines Untergrafen, für den Erzbischof in Händen zweier Vögte. Von der Vogtei ausgenommen waren nur die Kirchen selbst und ihre unmittelbare Umgebung. Diese Immunität genoss in Bonn das Cassiusstift.

Stifte in Vilich und Schwarzrheindorf

Auch geistliche Zentren rechts des Rheins spielen eine Rolle in der Geschichte der Region. Bereits im 8. Jahrhundert war die Tauf- und Begräbniskirche St. Peter in Vilich Mutterkirche eines riesigen Pfarrsprengels, der vom Fluss Sieg im Norden bis südlich von Königswinter reichte. 987 wurde das wenige Jahre zuvor vom Edelfreien Megingoz und seiner Frau Gerberga gegründete Kanonissenstift Vilich Reichsstift. König Otto III. verlieh ihm Immunität. Dass Vilich den gleichen Status erhielt wie die bedeutenden Stifte in Quedlinburg, Gandersheim und Essen, die der ottonischen Herrscherfamilie besonders nahe standen, hing mit Gerbergas Herkunft aus königlichem Geschlecht zusammen. Seine weit über die Region hinaus reichende Bekanntheit verdankte das Stift Vilich seiner ersten Äbtissin Adelheid, einer Tochter des Stifterpaares.

Die hl. Adelheid

In ihrer Biografie, die Mitte des 11. Jahrhunderts im Stift verfasst worden ist, tritt uns Adelheid als außergewöhnliche Frau mit großem Charisma entgegen. So wird von ihr berichtet, wie sie sich um kranke Mitschwestern kümmert, für die Armen sorgt, in Hungerszeiten hilft und den Schulunterricht persönlich beaufsichtigt. Da sich nach ihrem Tod 1015 erste Wunderheilungen an ihrem Grab herumsprechen, wird Vilich schnell zur Wallfahrtsstätte. Das führt zum Neubau der Kirche, in deren Krypta das Adelheidisgrab errichtet wird. Die Verehrung der Heiligen ist noch mit einem anderen Ort verbunden: mit Pützchen. Während mehrerer Dürrejahre soll Adelheid dort der Legende nach ein Quellwunder bewirkt haben. Seither wird der Adelheidisbrunnen von Menschen aufgesucht, die sich vom Wasser der Quelle Heilung versprechen. Aus den Wallfahrten entwickelt sich „Pützchens Markt", heute die größte Kirmes im Rheinland.

Mitte des 12. Jahrhunderts ließen sich Zisterzienserinnen im linksrheinischen Graurheindorf, Benediktinerinnen im rechtsrheinischen Schwarzrheindorf nieder. Die Überlieferung sagt, die Bevölkerung habe sich bei der Namensgebung für die beiden Ortschaften an der Farbe der Ordenskleidung orientiert: schwarz die Benediktinerinnen, grau die Zisterzienserinnen. Es gibt noch eine andere Erklärung. Da der Kirchplatz in Schwarzrheindorf auf einer Anhöhe liegt, bleibt er bei Überschwemmungen trocken. „Wart" heißt das im rheinischen Idiom, also „s'wart-Rheindorf".

Die Doppelkirche St. Klemens ließ Graf Arnold von Wied um 1150 bauen. Mit Oberkirche (für die Herrschaft) und

Pilgerblatt mit dem Bildnis der heiligen Adelheid, der Abbildung von Vilich und Adelheidisbrunnen und der Darstellung von zwölf Krankenheilungen der Jahre 1677/78.

Unterkirche (für das Gefolge) ist sie von herausragender kunsthistorischer Bedeutung. Die romanischen Deckenmalereien dürften in ihrer Art einmalig sein. Als Kaiser Friedrich Barbarossa „rindorp“ unter seinen persönlichen Schutz stellte, bestätigte er der Kirche auch drei Joch Weinberge „in buele“,

Die Doppelkirche in Schwarz-Rheindorf. Der Mitte des 12. Jahrhunderts errichtete Bau im rechtsrheinischen Gebiet ist berühmt für seine Fresken.

in Beuel also, was so viel wie Hügel bedeutet. Es war damals ein kleines Nest.

Der rechtsrheinische Raum nahm eine eigene territoriale Entwicklung. Schwarzrheindorf als erzbischöfliches Kloster, aber auch Vilich waren im Mittelalter stärker nach Köln orientiert als nach Bonn und später Enklaven des kurkölnischen Territoriums auf der rechten Rheinseite. Durch Grundbesitz oder Pacht und die Gerichtsbarkeit, die bei der Äbtissin lag, waren die beiden Stifte eng mit dem Alltagsleben verbunden. Sie kümmerten sich um die Armenfürsorge und unterhielten ein Hospital. Für die Bewohner der rechtsrheinischen Ortschaften bildeten die Frauenstifte bis in die Zeit des Niedergangs um 1800 Bezugspunkte des öffentlichen Lebens.

Ordensniederlassungen in der Stadt

Um 1220 gründete Graf Heinrich III. von Sayn nach der Rückkehr vom Kreuzzug ein Haus des Deutschen Ordens im rechtsrheinischen Ramersdorf. Eine weitere Niederlassung dieses Ritterordens, dessen Zeichen ein schwarzes Kreuz auf weißem Grund ist, wurde linksrheinisch im heutigen Ortsteil Muffendorf errichtet. Der eindrucksvolle Bau der Kommende stammt aus dem 18. Jahrhundert. 1274 kamen die Franziskaner nach Bonn. Sie ließen später eine der eindruckvollsten Kirchen Bonns bauen, die Minoritenkirche in der nach ihnen benannten Brüdergasse. Im 13. Jahrhundert gründeten Nonnen, die nach der Augustinerregel lebten, die Klöster Engeltal in Bonn und Marienforst bei Godesberg. Später wurde „S. Maria in Foresto“ von Birgittinen aus dem brabantischen Marienwater übernommen. Ein kleiner Bonner Konvent der Zisterzienserinnen war mit der Gertrudiskapelle in Rheinnähe verbunden. Heute erinnert nur mehr die Giergasse (Giertgen = Gertrudis) an dieses spätgotische Gotteshaus, das im Zweiten Weltkrieg zerstört wurde. 1290 traten die ersten Beginen in der Stadt auf. Diese Gemeinschaften frommer Frauen meist aus höheren Ständen, die sich unter anderem der Krankenpflege widmeten, breiteten sich schnell aus. 1350 gab es schon mindestens sechs Beginenhöfe in Bonn, beim Stockentor, in der Bonngasse und in der Wenzelgasse.

Viele der Konvente, auch die Höfe auswärtiger Klöster und Adelsfamilien, lagen im Nordteil der Stadt, oft umgeben von Wein- und Obstgärten. Südlich vom Heisterbacherhof an der Rheinmauer lagen der Hof der Kölner Dominikaner, das Haus der Kartause bei Trier und der Hof der Kölner Klarissen. Alle diese Höfe waren geschützte Domizile innerhalb der Stadtmauer – hier stiegen Äbte und Äbtissinnen ab, hier konnten auch große Mengen an Naturalien gelagert werden (eine Reihe von Straßennamen erinnert bis heute an diese Höfe).

„Oppidum bonnense" – die Marktsiedlung entsteht

Händler sind in Bonn schon im 11. Jahrhundert bezeugt. Vor den Mauern der Stiftsburg entstand allmählich eine Marktsiedlung, das unbefestigte *oppidum Bonnense.* Sie erstreckte sich, wie aus einer Urkunde von 1211 hervorgeht, über den heutigen Markt und die angrenzenden Straßenzüge: Stockenstraße, Bonngasse, Wenzelgasse, Sternstraße, und vermutlich auch die Brüdergasse als Verbindung zum Rhein. Den Übergang zur älteren Stiftsstadt markierte die Marktbrücke. Es war eine Niederlassung gewerblicher und kaufmännischer Bürger. Eine Urkunde nennt sie *burgensis populus*, also Stadtbewohner mit bürgerlichen Rechten. Der aus dem südfranzösischen Raum stammende Begriff *burgus* bezeichnet keine befestigte Anlage, sondern meint die gewerbliche Vorstadt des befestigten Sitzes weltlicher oder geistlicher Herrschaft. Es spricht vieles dafür, dass Erzbischof Hermann II. von Köln (1036–56), Sohn des Pfalzgrafen Ezzo und der Kaisertochter Mathilde, der Gründer war. Er verfügte über Münze und Marktzoll in Bonn (den Rheinzoll gibt es erst seit 1283). Auch der Grund und Boden, auf dem der Markt angelegt wurde, gehörte zum erzbischöflichen Meerhauser Hof.

Auf dem Münsterplatz befand sich seit dem 13. Jahrhundert die erzbischöfliche Gerichtsstätte. Äußeres Zeichen war ein Löwenmonument, „steinernes Wölfchen" oder „Leopard" genannt (heute im Stadtmuseum). Der Löwe ist Bonner Wappentier und findet sich auch im kleinen Stadtsiegel.

Civitas Verona?

Das große Stadtsiegel von 1250 zeigt den Stadtpatron St. Cassius vor der Münsterkirche. Die Umschrift lautet: Sigullum antique verone nunc oppidi bunnensis (Siegel des alten Verona, jetzt der Stadt Bonn). Fast 400 Jahre hindurch taucht neben Bonn dieser zweite Name „Verona" für die Stadt auf. Erstmals ist er in der Ernennungsurkunde für den Propst des Cassiusstifts, Everacus, zum Bischof von Lüttich vom 20. April 959 zu finden. Dort wird er „cisalpinae Veronae praepositus, quae vulgo Bunn" genannt. Bonn als diesseits der Alpen gelegenes Verona? Das seltsame Namensspiel ist nicht leicht aufzulösen.

In der „Passio Gereonis“ wird der Name Verona mit dem Martyrium der Stadtpatrone Cassius und Florentius in Verbindung gebracht. Der Begriff der „civitas Verona“ für Bonn ist vielfach auf Urkunden, Münzen und Siegeln belegt.

Noch war die Bonner Marktsiedlung von keiner Mauer umgeben. In unruhigen Zeiten hatte dies fatale Folgen. Die Stadt musste es erfahren, als die Truppen Herzog Heinrichs von Brabant das mauerbewehrte Köln links liegen ließen, Bonn aber einnahmen und in Brand steckten. Dessen Bürger mussten so für die Politik des Kölner Erzbischofs Konrad von Hochstaden büßen. Für diesen von Machtwillen getriebenen Kurfürsten war Bonn ein Stein auf dem Spielbrett. Sein Ziel war es, aus einem Konglomerat von Besitzungen einen möglichst geschlossenen Territorialstaat zu schaffen. Um dies zu erreichen, stützte er sich auf die Städte, denen er Freiheit einräumte, um sie zu Bundesgenossen zu machen.

Das Privileg von 1244

Vor diesem Hintergrund ist das berühmte Privileg zu sehen, das Erzbischof Konrad der Stadt am 18. März 1244 erteilte. Die Urkunde richtete sich an „Ritter, Schöffen und Volk von Bonn“, was einen gewissen Aufschluss über die soziale Gliederung in diesem Gemeinwesen gibt. Vor allem zur Ritterschaft aufgestiegene Ministerialen bildeten das Schöffenkolleg, das die Stadt verwaltete und sie dem Erzbischof gegenüber vertrat. Das Privileg sah die Befestigung der Stadt mit Mauer und Graben vor. Konrad beteiligte die Bürger allerdings auch an den Kosten für deren Bau und Unterhalt. Wichtig waren die Bestätigung der bisherigen Rechte und Freiheiten und die Fixierung der jährlichen Steuer an den Landesherrn, die sonst je nach Bedarf schwankte. Die Garantie der Rechte und Freiheiten, denen freilich noch enge Grenzen gesetzt waren, erstreckte sich auch auf alle Neubürger, was durchaus als Anreiz zur Zuwanderung verstanden werden konnte. Da die Menschen in den ländlichen Gebieten in der Mehrzahl Grundhörige waren, bestätigte sich hier einmal mehr der Spruch „Stadtluft macht frei".

In einer zeitgenössischen Chronik heißt es: „Glühend vor Eifer, die Stadt und die errungene Freiheit zu bewahren, erbauten die Bürger einen hölzernen Palisadenzaun auf dem Wall über dem Graben und errichteten die neuen Tore als stattliche Bauten aus Stein." Vor allem das wuchtige Kölntor im Norden entsprach zu jener Zeit dem letzten Stand der Stadtbefestigungstechnik. Die Palisaden wurden nach und nach durch Mauern ersetzt. Sie waren etwa einen Meter dick und bis zu sieben Meter hoch. Alle 50 Meter überragten Türme die Stadtmauer. Die bereits 1247 urkundlich erwähnte Befestigungsanlage lief vom bisher schon ummauerten Stiftsbezirk am Stockentor zum Rhein, dann die Rheinfront entlang, bog rechtwinkelig nach Westen ab und traf in einem Bogen wieder auf den Stiftsbezirk, schloss diesen und die Vorstadt zusammen.

Die Godesburg wird gebaut

Erzbischof Konrad hat nicht nur die Stadt Bonn mit einer Stadtmauer umgeben, er ließ auch die 1210 von seinem Vorgänger Dietrich angelegte Burg auf dem Godesberg ausbauen und mit einem mächtigen Turm bestücken. Die Gegend am Fuße des Vulkankegels, der sich südlich von Bonn 60 Meter über das Rheintal erhebt, war schon früh relativ dicht besiedelt. Die Namen vieler Besitzungen sind in Urkunden überliefert. Es handelte sich um ehemaliges königliches Gut. So ging der Fronhof Godesberg als Schenkung an das Frauenstift Essen; der Klufter Hof, der erst im Besitz des Stiftes Gandersheim am Harz war, gehörte später zum stattlichen Besitz der Abtei Heisterbach. Den Muffendorfer Hof schenkte König Heinrich II. 1020 samt allen Hörigen, Feldern und Wäldern, Jagd und Weinbergen dem Aachener Marienstift. Später kam dieser Hof an die Abtei Siegburg. Der Godesberg selbst war eine uralte Kultstätte. Christen setzten früh auf die Bergspitze eine Kapelle des hl. Michael. Diese wurde beim Bau der Burg 1210 an den nördlichen Burgberg verlegt.

Gewerbefleiß und Bürgersinn

Schöffen und Rat bestimmen mit

Die nun ummauerte Stadt bildete zunehmend den politisch-administrativen Mittelpunkt des sich verfestigenden kurkölnischen Territoriums. Erzbischof Siegfried von Westerburg setzte am 28. März 1286 den rechtlichen Schlusspunkt für die Stadtwerdung Bonns. Er genehmigte die Bildung eines Stadtrates aus zwölf Bürgern. Das Schöffenkolleg war weiterhin das Stadtgericht. Der „Stadtbann" reichte nun über die Mauern hinweg, so weit die außerhalb der Stadt liegenden Besitzungen der Bürger sich erstrecken. Oberste Gerichtsinstanz aber blieb der Landesherr, der Erzbischof. Die Stadt erhielt damit Selbstverwaltung, aber keine Autonomie. Bonns Schicksal war damit auf Jahrhunderte festgelegt: Es war kurkölnische Stadt und damit zwangsläufig in die kurkölnischen Wirrnisse hineingezogen.

Der immer wieder aufflammende Zwist zwischen den Erzbischöfen und ihrer Bischofsstadt Köln führte diese schließlich in das Lager der Feinde. Der Herzog von Brabant und die Grafen von Jülich und Berg lagen im Streit mit dem Kurfürsten um das limburgische Erbe. Bonn blieb zwar dank seiner wehrhaften Mauern verschont, doch die Truppen aus Brabant plünderten das Umland und brannten alle Dörfer ringsum nieder. Der Konflikt kulminierte 1288 in der Schlacht bei Worringen, die mit der totalen Niederlage des Erzbischofs und seiner Verbündeten endete. Siegfried musste sich aus schmachvoller Gefangenschaft freikaufen. Köln zählte zu den Siegern. Es wurde Freie Reichsstadt. Der geschlagene Kurfürst nahm seinen Sitz in Bonn. Die ersten Münzen, die er hier prägen ließ, glichen einer Kampfansage an das abtrünnige Köln: Die Rückseite der „Verona-Pfennige" trägt die Aufschrift *Beata Verona vinces* – „Du, glückliches Verona (= Bonn) wirst siegen".

Von Weinrödern und Fährleuten

Das Spätmittelalter war, wenn die Quellen nicht trügen, für Bonn im Großen und Ganzen eine Zeit des Wohlstandes. Alle damaligen Gewerbe waren in der Stadt vertreten: von den Bäckern bis zu den Leyendeckern, wie die Dachdecker hier genannt wurden (von Ley = Schiefer). Wichtigstes Handelsgut war Wein. So gab es Fassbinder, Weinschröder und -röder. Sie waren für das Abladen der Fässer und das Messen des Inhalts zuständig. Den Transport besorgten Fuhrleute und Schiffer. Rechte und Pflichten der Fährleute wurden 1325 festgeschrieben (bis heute erinnern die Fährgassen an alte Anlegestellen). Eine Tuchmanufaktur, die „Schlüsselindustrie des Mittelalters", konnte sich in Bonn nicht entwickeln. Gewerbe und Handwerk waren überwiegend an lokalen oder regionalen Bedürfnissen orientiert. Sie standen im Schatten von Köln, dessen Bedeutung als Wirtschaftsstandort überragend war.

Das Zunftwesen bildete sich erst im 15. Jahrhundert heraus. Als besondere Genossenschaften stehen die Zusammenschlüsse der Armbrust- und Büchsenschützen der Bürgerwehr in der lokalen Geschichte da. Neben dem Waffenhandwerk hatten sie von Anfang an eine gesellige, kirchliche und karitative Seite. Die Vorläuferin der noch bestehenden St. Sebastianus-Schützenbruderschaft erhielt ihr Privileg 1473. Auf Anfänge im 15. Jahrhundert zurückführen kann sich auch die St. Hubertus-Schützenbruderschaft.

Städtebünde und Zollschranken

Im 13. Jahrhundert sind die rheinischen Städte an den großen Aufgaben beteiligt, die sich dem Reich als Ganzem stellten. Es geht vor allem um die Sicherung des Landfriedens und die Abwehr ungerechter Zölle. Diese sind für die Landesherren, aber auch für die Städte eminent wichtige Einnahmequellen, sie können bei außerordentlichem Geldbedarf die Zölle verpachten, verpfänden oder verkaufen. Die Landesherren haben als weitere Einnahmequelle ihre Münzstätten. Das eigentliche

Problem ist der Münzverfall, die Geldentwertung. Dem begegnen die vier rheinischen Kurfürsten und bilden 1385 den ersten Kurrheinischen Münzverein. Der dabei geschaffene rheinische Gulden wird für 300 Jahre Währungsgrundlage am Rhein. Einzige Münzstätte im Erzstift Köln ist Bonn (die freie Reichsstadt Köln prägt natürlich ihre eigenen Münzen).

Schon Mitte des 13. Jahrhunderts entstehen einflussreiche überregionale Städtebünde. Auch Bonn tritt, bei aller Loyalität zum kurkölnischen Landesherrn, 1256 dem großen rheinischen Bund bei, der nicht nur Städte am Ober-, Mittel- und Niederrhein im gemeinsamen Vorgehen vereint. Selbst Bremen schließt sich an. 1302 gehen Koblenz, Boppard, Oberwesel, Andernach und Bonn den mittelrheinischen Städtebund ein. Sie versprechen, sich in Gefahr gegenseitig beizustehen, auch mit Waffen, und Streitigkeiten untereinander friedlich auszutragen.

Zwei Königskrönungen in Bonn

Viel Wein dürfte in der Stadt geflossen sein, als Bonn 1314 zum ersten Mal Schauplatz einer Königskrönung ist. Nach der Doppelwahl des Habsburgers Friedrich des Schönen und Ludwigs von Bayern gibt es ein ernstes Problem. Köln versperrt dem Habsburger seine Tore, und da der Mainzer Erzbischof den Bayern in Aachen krönt, bleibt dem Kölner Kurfürsten für die Zeremonie nur noch Bonn. Hier, in der Münsterbasilika, vollzieht er den alterwürdigen Akt der Salbung und Krönung an Friedrich dem Schönen.

Am 26. November 1346 erlebt Bonn noch einmal eine Königskrönung, die Karls IV. aus dem Hause Luxemburg, der wenige Monate zuvor in Rhens zum König gewählt worden ist. Da die Stadt Köln wiederum in Feindschaft zu ihrem Erzbischof steht, krönt ihn dieser in Gegenwart der Kurfürsten von Mainz und Trier und vieler weltlicher Würdenträger im Bonner Münster zum deutschen König. Karl IV., auch König von Böhmen und seit 1355 Kaiser, revanchiert sich für die Gastfreundschaft der Stadt Bonn. Er nimmt sie in seinen besonderen Schutz, bestätigt ihre Rechte und gewährt ihr Zollfreiheit.

Der „schwarze Tod“ tritt auf

Die Menschen können zu diesem Zeitpunkt nicht ahnen, dass schon bald ein Unheil auf sie zukommen würde, das das Land in Angst und Schrecken versetzte und das Verhalten der Gesellschaft tief greifend veränderte. 1348 wütet in Deutschland und anderen Teilen Europas die Pest. Innerhalb der nächsten vier Jahre fiel vermutlich fast ein Drittel der Bevölkerung dem „schwarzen Tod“ zum Opfer. Ackerland, das nicht mehr bebaut werden kann, verödet. Am ärgsten aber schlägt die Seuche in den Städten zu. Bereits 1356 erreicht die nächste Welle das Rheinland, und 1451 erlebt Bonn noch einmal eine Pestepidemie. In der Stadt führte der erste Ausbruch zu Exzessen gegen jüdische Mitbewohner, denen die Schuld an der Seuche gegeben wird. Es war nicht die erste Verfolgung, die über die Juden Bonns hereinbrach. Bereits Jahrhunderte zuvor war es während der Aufrufe zum Kreuzzug in das Heilige Land zu schweren Ausschreitungen gekommen.

Die Bonner Judengemeinde

Zu den großen Persönlichkeiten der Judengemeinde in Bonn gehörte der Talmudgelehrte Joel Ben Isaak Halevi, der auch in Mainz, Würzburg und Regensburg lehrte und um 1200 als Rabbiner in Köln starb. Das Ansehen, dass er und sein Kreis genoss, geht aus den Worten eines Mainzer Rabbiners hervor: „Aus welcher Stadt könnte man uns die Wahrheit künden, wenn nicht aus Bonn, von deren Gelehrten die Lehre ausgeht über das Wort Gottes?“ Um 1320 ist ein vicus Judeorum, ein Judenviertel, in Bonn bezeugt. Es lag zwischen Bonngasse und Wenzelgasse. Im Gegensatz zur Reichsstadt Köln, die die Juden als wirtschaftliche Konkurrenz „ein für allemal“ aus der Stadt verwies, gab es in Bonn ständig eine Judengemeinde, die unter dem Schutz des Kurfürsten stand. Diesem musste sie für die befristeten Geleitbriefe Abgaben entrichten. Und sie waren auch vielerlei Einschränkungen und Schikanen unterworfen. 1715 wurde in Bonn eine eigene Judengasse, die spätere Tempelstraße, gebaut.

Die Stadt zählte zu Beginn der Neuzeit etwa 4000 Einwohner. Mit 44 Hektar war sie flächenmäßig die größte Stadt des Erzstiftes Köln. Dass sich Bonn im 16. Jahrhundert an die erste Stelle unter den kurkölnischen Städten setzte, hat mit der Entwicklung zur Residenz zu tun. Die Zentralbehörden und der Hofstaat des Kurfürsten wurden hierher verlegt. Festungs- und Residenzbauten, höfisches Leben und die kurfürstliche Beamtenschaft – all dies sind Faktoren, die das äußere Gesicht und die innere Entwicklung Bonns tief greifend veränderten. Ein wichtiger Schritt war bereits 1525 mit der Verlegung der kurkölnischen Kanzlei von Brühl nach Bonn getan. Dass der Kurfürst erst 1601 seinen Sitz in Bonn nahm, hatte seinen Grund im umstürzenden Geschehen des 16. Jahrhunderts, der Reformation und ihren Folgen.

Reform und Reformation

Kurfürst Hermann scheitert

Eine „Reform der Kirche an Haupt und Gliedern" war seit den großen allgemeinen Konzilien von Konstanz und Basel eine in der ganzen abendländischen Christenheit erhobene Forderung. Um eine Reform der Kirche ging es auch dem Augustinermönch Martin Luther, der 1517 seine berühmt gewordenen Thesen veröffentlichte. Doch er brachte damit einen Stein ins Rollen, der schließlich zur Kirchenspaltung führte. Viele seiner Zeitgenossen haben offensichtlich den entscheidenden Schritt von der Reform zur Reformation getan, ohne es zu merken. Der Kölner Kurfürst Hermann von Wied frönte lieber der Jagdleidenschaft, als sich mit den Differenzen von katholischer und reformatorischer Lehre auseinanderzusetzen. Am kurfürstlichen Hof tat dies vor allem Johannes Gropper aus Soest, ein Theologe von überragender Bedeutung. Doch nicht auf ihn stützte sich der Erzbischof bei der kirchlichen Reform, die sich alle wünschten, sondern auf einen Reformator, den Elsässer Theologen Martin Bucer. Am 15. Dezember 1542 bestieg dieser die Kanzel im Bonner Münster. Er wurde von der Geistlichkeit freundlich aufgenommen und richtete im Minoritenkloster eine Bibelstunde ein.

In Köln formierte sich um Gropper der Widerstand von Domkapitel, Universität und Rat gegen den Reformator. Der Erzbischof hielt an Bucer fest, holte sich auf einem nach Bonn einberufenen Landtag den Freibrief für dessen Reform und empfing an Ostern 1543 mit seinem Hofstaat im Bonner Münster das Abendmahl im evangelischen Ritus. Der Laienkelch wurde zum Zeichen, das jeder im Volk verstand. Bucer feierte die Gottesdienste in deutscher Sprache, in den Dörfern um Bonn und in der Stadt selbst wurden die Pfarren mit evangelischen Predigern besetzt. Bonn war zum Mittelpunkt der Bewegung geworden. Sogar Melanchthon kam zur Unterstüt-

Widersacher in Zeiten der Reformation: Martin Bucer, der Luthers Lehre nach Bonn brachte; und Johannes Gropper, Vertreter des Reformkatholizismus. Er war 1549–1559 Propst des Bonner Cassiusstiftes und wurde zum Kardinal ernannt.

zung der reformatorischen Sache und scharte einen Kreis von Gelehrten um sich.

Die Gegner der Reformation erhielten schließlich einen mächtigen Verbündeten: Karl V. Der Kaiser erschien mit seinen Truppen in Bonn und erledigte die Sache unblutig. Bucer und sein Gefährte mussten die Stadt verlassen, Erzbischof Hermann von Wied traf der Bann, er wurde zur Abdankung gezwungen. So endete die erste Episode der Reformation in Bonn nach gut einem halben Jahr.

Der erste Bonner Buchdrucker, Laurenz von der Mülen, der die Hauptschriften des Kölner Reformationsversuchs verlegt und 1544 das „Bonner Gesangsbuch“ herausgebracht hatte, wurde „der Lutterei halber“ aus Bonn vertrieben. Gropper, der als Propst des Cassiusstifts die gegenreformatorischen Kräfte in Bonn anführte, wurde später Kardinal. In dieser Phase der konfessionellen Auseinandersetzungen folgten die Jesuiten seinem Ruf nach Deutschland. Von der Münsterkanzel in Bonn predigte Petrus Canisius 1557 vor mehr als 3000 Zuhörern. Der Verfasser weit verbreiteter Katechismen gilt als einer der bedeutendsten Jesuiten. Er regte auch eine Visitation in Bonner Pfarreien an, die 1569 stattfand. Die Protokolle sind aufschlussreich. Sie zeigen, dass reformatorisches Gedankengut damals unter der Bevölkerung lebendig geblieben war.

Das Gremium der „Zwölfter"

Zur selben Zeit, als die konfessionelle Situation im kurkölnischen Territorium verworren war und ein Erzbischof den anderen ablöste, brach die Unzufriedenheit mit der städtischen Obrigkeit vielerorts offen aus, auch in Bonn. Die unteren Schichten der Handwerker, die sich durch den Rat der Stadt nicht mehr vertreten sahen, wollten ihre Interessen durchsetzen. Und der breite Protest zeigte Wirkung. Jedenfalls ist in einer von Bürgermeister, Schöffen und Räten ausgestellten Urkunde von 1550 erstmals von einem Zwölfergremium, den „Zwölftern", die Rede. Sie kontrollierten vor allem das Finanzgebaren des Rates. Bis an das Ende der kurkölnischen Ära 1794 waren nun ein Schöffen- und ein Ratsbürgermeister, der Rentmeister (Finanzverwaltung) und die Ratsherren die Träger der Bonner kommunalen Selbstverwaltung und bildeten zusammen mit den „Zwölftern" die Vertretung der Bürgerschaft. Die Ratsherren blieben in der Regel lebenslang im Amt, es kam in Bonn aber nicht zur Ausbildung von Familienclans. Keine einzige Familie war mehr als zwei Generationen im Rat vertreten. Auch Neubürger konnten Ratsherren werden.

Unter Kurfürst Salentin von Isenburg wurde die Bonner Stadtverfassung 1560 in einem in Poppelsdorf geschlossenen Vertrag festgeschrieben. Es kam dabei zu einer wichtigen Änderung: Die rechtlichen Befugnisse des Stadtrates wurden spürbar beschnitten. Hier zeigte sich der Erzbischof entschieden als Fürst, der über einen ausgebildeten Territorialstaat verfügte und so auf die Unterstützung der Bürger und das städtische Aufgebot nicht mehr angewiesen war. Er setzte in Bonn aber auch Akzente mit der Neugestaltung der Schlossbauten und der Erweiterung des Zollhauses am Rheinufer. Salentin verzichtete schließlich auf die Kurwürde, weil seine Familie auszusterben drohte. Mit päpstlichem Dispens ging er 1577 in Bonn die Ehe mit einer Gräfin ein.

Liebesheirat mit fatalen Folgen

Noch einmal kehrt das Thema Reformation unter Salentins Nachfolger auf die politische Bühne des Erzstifts zurück – diesmal mit pikanten Vorzeichen und fatalen Folgen. 1577 wählt das Kölner Domkapitel Gebhard Truchseß von Waldburg mit nur zwei Stimmen Mehrheit zum Erzbischof von Köln. Er kann sich dabei auf die evangelischen Stimmen stützen. Deren Parteigänger wollen später Kapital schlagen aus der Liebe des Erzbischofs zur evangelisch gewordenen Gerresheimer Stiftsdame Agnes von Mansfeld. Eine Abdankung kommt nicht in Frage, denn er braucht Geld. Gebhard sieht in der Säkularisierung des Erzstiftes den Ausweg. Im November 1582 zieht er mit Truppen in Bonn ein und gibt seinen Konfessionswechsel bekannt. Die Protestanten in der Stadt können sich wieder offen zu ihrem Glauben bekennen. Am 2. Februar 1583 heiraten Gebhard und Agnes in Bonn. Doch am nächsten Tag wird das Hochzeitsmahl im Gasthaus „Zur Blomen" am Markt überhastet abgebrochen. Vom Domkapitel aufgebotene Truppen sind im Anmarsch. Graf Karl Truchseß, ein Bruder des Kurfürsten, organisiert als Stadtkommandant die Verteidigung. Er besetzt die Burg Godesberg und lässt Stift und Dorf Dietkirchen niederbrennen, damit der Feind sich dort nicht festsetzen kann. Eine politische, gar friedliche Lösung zeichnete sich nicht ab. Gebhard wird vom Papst abgesetzt.

Das Kölner Domkapitel, das sich inzwischen seiner protestantischen Mitglieder entledigt hat, wählt Herzog Ernst von

Bayern zum neuen Kurfürsten. Truppen unter Herzog Ferdinand von Bayern marschieren zur Unterstützung vor Bonn auf. Bald sind Außenposten wie die Burg Poppelsdorf in ihrer Hand. Die Eroberung der Godesburg ist ein Fanal. In dreiwöchiger Arbeit treiben die spanischen und deutschen Landsknechte einen Stollen in den Berg, füllen ihn mit Pulver und sprengen die Burg am 17. Dezember 1583 in die Luft. Ehe es zur Einnahme von Bonn kommt, nehmen die Kriegsknechte, die die Stadt verteidigen sollen, Kontakt zu den Belagerern auf. Die Stadt ergibt sich den Kurfürstlichen. Der „Verrat" wird mit gutem Geld bezahlt, das letztlich die Bonner Bürgerschaft aufbringen muss. Die Abrechnung mit den Anhängern des geächteten Kurfürsten beginnt. Die Geständigen werden am Markt hingerichtet, zwei protestantische Prediger gefesselt in den Rhein geworfen.

Die „Polizeyordnung" von 1585

Erst im November 1585 bestätigte Kurfürst Ernst die städtischen Privilegien und erließ eine „Polizeyordnung" – sprich Gemeindeordnung –, die mit geringen Änderungen bis zur Französischen Revolution in Kraft blieb. Den Bürgermeistern stehen danach verschiedene „Stadtoffizianten" zur Seite: der Rentmeister für die Finanzen, die Provisoren für die Einrichtungen der Wohlfahrt und die Stiftungen, der Geschossmeister, der die „Schoß", die direkte Haussteuer vom Hausbesitzer einzuheben hat, und der Wachtmeister als Befehlshaber der Bürgerwehr. Einige dieser Funktionen werden von den Ratsmitgliedern neben- oder ehrenamtlich wahrgenommen, nur der Stadtschreiber, der juristisch vorgebildet sein muss, ist immer hauptamtlich tätig. Das Schöffengericht tagte seit 1600 nicht mehr unter freiem Himmel, sondern im Rathaus.

Die Hinrichtungen am Galgen fanden noch nicht vor der Stadt, sondern auf dem Markt statt. Hier stand bis 1730 auch der Pranger, „Käx" genannt. Er war eine drastische Strafe für vielerlei Taten. Später wurde er auf dem Münsterplatz aufgestellt. Nicht jeder Einwohner der Stadt war auch Bürger. Das

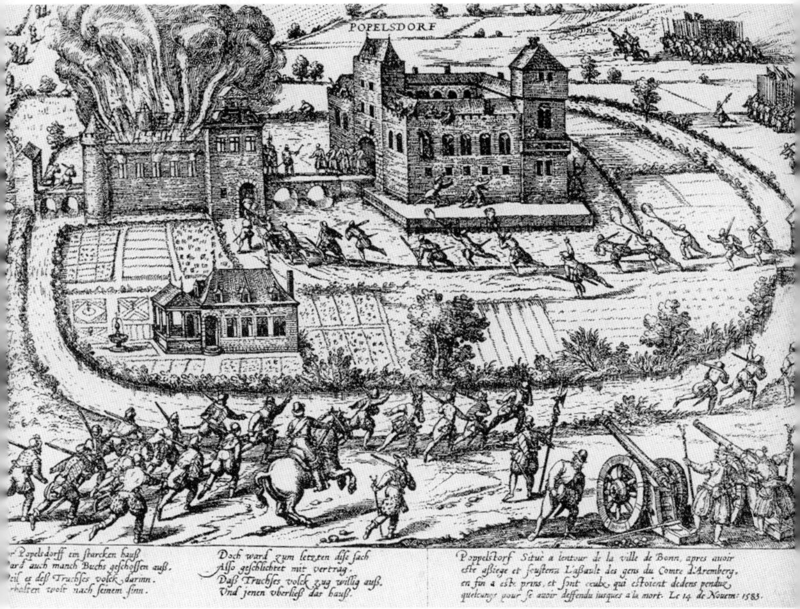

Der „Kölnische Krieg“ – Erstürmung der Burg in Poppelsdorf am 14. November 1583 durch bayerische Truppen. Kupferstich von Franz Hogenberg.

Bürgerrecht musste in einem besonderen Rechtsakt erworben werden. Vor dem Stadtrat fand ein förmliches Aufnahmeverfahren statt, dem sich jeder unterziehen musste, der zugezogene Fremde wie der Bürgersohn.

Das landesherrliche Aufsichtsrecht über die Stadt Bonn äußerte sich am stärksten im Rechnungswesen. Jährliche Rechnungslegung der Verantwortlichen der Stadt vor den Beamten des Kurfürsten wurde zur Regel. Es verwundet nicht, dass in einer Stadt, in der der Weinhandel eine zentrale Rolle spielte, die Getränkeakzise (indirekte Umsatz- und Verbrauchssteuer) die ertragreichste Quelle war, während die wichtigste Stadt des kölnischen Niederstifts, Neuss, die meisten Einnahmen aus dem Betrieb der Mühlen bezog. Die regelmäßigen städtischen Einnahmen setzten sich unter anderem zusammen aus Akzise, Vermietung städtischer Immobilien, Abgaben der Markthändler, Strafgeldern der Bürger, Gebühren für den Erwerb des Bürgerrechts und den Weinausschank, Einnahmen der Stadtwaage, Standgeld von Jahrmärkten und der Grunderwerbssteuer.

Söldnerführer Schenck lässt plündern

Nach dem kampflosen Einzug in Bonn 1584 machen die Kurfürstlichen einen folgenschweren Fehler. Rheinberg bleibt in der Hand des gegnerischen Söldnerführers Martin Schenck von Nideggen. Und als der Kurfürst seine Hofhaltung nach Lüttich verlegt und in Bonn lediglich 140 Mann Besatzung zurücklässt, überrumpelt Schenck mit seinen Söldnern im Dezember 1587 die Stadt, nimmt sie von der Rheinseite her ein, der seit jeher schwächsten Stelle ihrer Befestigungsanlage, und lässt plündern. Er kann sich mit seiner Soldateska aber nur wenige Monate halten, da Unterstützung von protestantischer Seite ausbleibt. Wallonische, spanische und lothringische Truppen können die Stadt einnehmen. Schenck, vom Kaiser geächtet, wird gefangen, im Rhein ertränkt, sein Körper gevierteilt. Mit diesem Nachspiel ist der Kölnische Krieg, der der Zivilbevölkerung viel Leid und Elend gebracht hat, vorbei.

Kurkölnische Haupt- und Residenzstadt

Eine neue Ära unter Ernst von Bayern

Dass die Entscheidung von 1583 zugunsten des Hauses Wittelsbach ausfällt, ist auch mit Blick auf die künftigen Kräfteverhältnisse im Reich von großer Bedeutung. Die Kölner Kurstimme bleibt in der Hand katholischer Fürsten, mehr noch: Da Ernst von Bayern auch Fürstbischof von Lüttich und von Münster ist, bildet seine Herrschaft gleichsam eine breite katholische Landbrücke bis zu den spanischen Niederlanden. Die politischen Interessen des Hauses Wittelsbach, das sich über fast zweihundert Jahre, bis 1761, auf dem Kölner Kurstuhl behaupten kann, ziehen den kurkölnischen Kleinstaat aber auch immer wieder in die Auseinandersetzungen der europäischen Mächte hinein und machen sein Territorium vor allem im späten 17. Jahrhundert zu einem Hauptkriegsschauplatz im Ringen zwischen Frankreich und den Habsburgern um die Hegemonie.

Die Auseinandersetzung um das größte Erbe am Niederrhein, das durch Heirat entstandene Länderkonglomerat Jülich-Berg-Ravensberg und Kleve-Mark, ist voll entbrannt. Gleich mehrere Fürstenhäuser erheben Anspruch und suchen dazu fremde Hilfe: Kurbrandenburg bei den holländischen Generalstaaten, Kurpfalz bei Frankreich und Pfalz-Neuburg beim Kaiser und den Spaniern. Auch die allgemeine Lage im Reich wird durch die konfessionelle Bündnisbildung immer brisanter. 1608 kommt es zur Gründung der protestantischen Union unter der Führung von Kurpfalz; die Antwort auf katholischer Seite ist 1609 die Gründung der Liga unter bayerischer Führung. Das ist der große Rahmen, in dem Bonn sich als Residenzstadt im „Jahrhundert der Kriege“ entwickelt.

Ferdinandus Wilhel[…] V. et Renatæ Fil.
nat. 6 Octob. 1577. Præpo- situs Berchtolsgad.
Epicopus Leod. Monast. Hildes nec non Elec
et Archiep. Colon. 1612 Episc. Paderborn. 1619
Mort. die 14 Sept. 1650.

Ferdinand von Bayern wird Kurfürst

Der junge Wittelsbacher Ferdinand, seit 1595 Koadjutor an der Seite seines Onkels Ernst, wird als Kurfürst von 1612 bis 1650 zur herausragenden Gestalt. Anders als sein an Religionspolitik eher uninteressierter Vorgänger zeigt sich Ferdinand als entschiedener Mann der Gegenreformation, hart, unduldsam und intolerant – wenigstens aus heutiger Sicht. Er kann sich dem Hexenwahn jener Zeit nicht entziehen und duldet keine „Ketzer", die es in Bonn und in den umliegenden Orten offensichtlich noch in großer Zahl gibt. Seiner Mutter in München schreibt er: „Es ist hier ein kaltes Volk. Ich habe das Miserere dreimal in der Woche hier angestellt zu halten, kommt aber niemand als etliche alte Weiber dazu; so kommt das Volk auch wenig in die Kirche." In der Karwoche 1601 zieht er selbst im Büßerhemd, barfuß und ein großes Kreuz auf der Schulter, durch die Stadt, sich geißelnde Herren des Hofes im Gefolge. Das bleibt nicht ohne Wirkung. 1604 grassiert ein wahres Prozessionsfieber in der Stadt, die Teilnehmer überbieten sich in ihrer zur Schau gestellten Bußfertigkeit.

Um den Pfarrklerus ist es schlimm bestellt. Nur wenige der Geistlichen haben ein theologisches Studium abgeschlossen. Dabei hat sich die Kirche im Konzil von Trient (1545–1563) ein neues Gesicht gegeben. Seinen Ausdruck findet das vor allem in den Reformdekreten. Dazu gehört, dass sich der geistliche Stand von Grund auf erneuern soll.

Die Gegenreformation beginnt

Wirksame Instrumente in Ferdinands Politik der Rekatholisierung seines Herrschaftsbereichs sind die Klostergründungen. Bonn hat im Mittelalter nicht so viele davon gesehen wie im 17. Jahrhundert. In weniger als drei Generationen hat sich ihre Zahl verdreifacht. Es ist dem Kurfürsten zweifellos gelungen,

◁ Ferdinand von Bayern (1577–1650), Erzbischof und Kurfürst von Köln.

mit Hilfe dieser geistlichen Mitkämpfer das kirchliche Leben in der Stadt zu fördern und die letzten Reste protestantischer Gesinnung auszulöschen. Die einzige protestantische Gemeinde, die im Gebiet des heutigen Bonn bestehen bleibt, ist jene in Oberkassel. Ferdinand holt vor allem Kongregationen, die in der Seelsorge aktiv sind: die Jesuiten, die Kapuziner und die Franziskaner. Deren Kirche erhält eine Verbindung mit dem nahe liegenden Schloss. So erreicht der Kurfürst auf diesem Weg die Empore, von wo aus er die Messe mitfeiern kann. Einer der bekanntesten Architekten seiner Zeit, Christoph Wambesser, ist am Bau der „Hofkirche" beteiligt.

Auch Frauenorden holt Ferdinand nach Bonn, so die Kapuzinerinnen aus Köln. In der zweiten Hälfte des Jahrhunderts lassen sich Schwestern der Congrégation de Notre Dame aus Lothringen unweit des Kölntores nieder, von der Bevölkerung „Welschnonnen" genannt. Sie widmen sich der Mädchenerziehung und betreuen ein Waisenhaus. Die Minoriten unterhalten ein Gymnasium, das 1673 von den Jesuiten übernommen wird. Bei den Kapuzinern gehört neben der Predigt die Krankenpflege zu den Hauptaufgaben. Ein eigenes Pesthaus wird daher dem Klosterkomplex angegliedert, der sich dort befindet, wo die heutige Kapuzinergasse vom Belderberg zum Stadttheater führt.

Auch die Stadt selbst baut eine öffentliche Gesundheitsfürsorge auf. Neben dem schon früh bezeugten kirchlichen Aegidiushospital am Münsterplatz, das zugleich Pilgerherberge ist, besteht als bürgerliche Stiftung das Jakobshospital in der Sternstraße und das Heilig-Geist-Haus an der Remigiusstraße. Der Aufsicht des Rates unterstehen auch die beiden Leprosenhäuser im Süden und Norden der Stadt. Schon um 1345 ist an der Landstraße nach Köln, „Auf der Höhe", eine von vermögenden Bürgern gestiftete Siedlung für die Leprakranken entstanden. Nur noch das Standbild des hl. Lazarus aus der später abgebrochenen Lazarus-Kapelle erinnert an den einstigen „Maladenhof".

Bekämpfung der Pest

Das Rheinland wird im 17. Jahrhundert immer wieder von Pestepidemien heimgesucht. Bereits angesichts des ersten Auftretens 1606/07 erlässt Ferdinand als Koadjutor des Kurfürsten strenge Verordnungen zur Bekämpfung der Seuche. Auf Straßen und Plätzen ist auf größte Reinlichkeit zu achten. Wer von der Krankheit genesen ist, darf einen Monat lang die Wohnung nicht verlassen. Auch den Monat danach müssen sie sich von Gesellschaft fernhalten und dürfen nur die wenig besuchten Kirchen betreten. Die Totenwachen, die nicht selten zu schwelgerischen Gelagen ausarten, werden ebenfalls untersagt. Das erneute Auftreten der Pest in Bonn können diese Maßnahmen aber nicht verhindern. Im Herbst 1622 erreicht die Seuche ihren Höhepunkt. 1634/35 sucht erneut eine Epidemie vor allem die Dörfer Kessenich, Dottendorf und Mehlem heim. 1665 fordert die Pest noch einmal ihren schrecklichen Tribut, ehe sie 1669 erlischt und seither im Rheinland nicht mehr auftritt. Schätzungen gehen davon aus, dass mehr als ein Drittel der Bonner Bevölkerung ihr zum Opfer fiel.

Ausbau zur Haupt- und Residenzstadt

Es ist eine Kriegs- und Notzeit sondergleichen, in der der Ausbau Bonns zur kurkölnischen Haupt- und Residenzstadt vorankommt. Offiziell ist Bonn dies seit der 1597 erlassenen „Rat- und Kanzleyordnung“. Drei Zentralbehörden steuern von hier aus das Kurfürstentum: der Geheime Rat, der Hofrat und die Hofkammer. Hofstaat und Beamtenschaft fallen in einer relativ kleinen Stadt wie Bonn auch zahlenmäßig ins Gewicht. Neben dem rund 100 Personen zählenden Hofstaat des Fürsten, dem die obersten Hofchargen angehören, und den adeligen Beamten in führenden Positionen ist die dritte Gruppe der „gelehrten Räte“ ebenfalls eine sozial gesehen exklusive Gruppe in der Residenz. Diese Beamten kommen aus miteinander versippten Familien, die über Generationen kurfürstlichen Kollegien angehören. Diese Familien rekrutieren sich aus gehobenen bürgerlichen Schichten, den Familien von Ratsherren und Schöffen, Notaren, Apothekern und Ärzten. Einheirat in Handwerkerfamilien ist nicht üblich. Diese fürstlichen

Beamten, die hohes Ansehen in der Bevölkerung genießen, erwerben Hausbesitz in der Stadt und Grundbesitz vor ihren Toren.

Nach 1630 werden umfangreiche bauliche Änderungen am kurfürstlichen Schloss vorgenommen: Aus dem wuchtigen Kernbau der alten salentinischen „Cantzeley" wird eine repräsentative Anlage zwischen Stadtmauer und heutiger Straße Am Hof. Das rechtwinkelige dreigeschossige Bauwerk erhält Ziergärten nach Renaissanceart mit Wasserkünsten, Grotten und Statuen. Mit viel Liebe zum Detail lässt Ferdinand auch den kurfürstlichen Garten rund um das Poppelsdorfer Schloss anlegen.

Zu den kunsthistorisch bedeutenden Bauwerken der ersten Hälfte des 17. Jahrhunderts zählt die Wallfahrtskirche auf dem Kreuzberg. Der älteste Hinweis auf diese Kultstätte findet sich in der Koelhoffschen Chronik: „1429 im vorigen Jahre, am Tage des hl. Antonius, war viel Volk bei dem Kreuz bei Bonn oberhalb Lengsdorf, und wie man sagte, waren es an diesem Tage an die 50 000 Menschen." Hier baut man später eine Kapelle und schließlich eine Kirche, die 1628 geweiht wird. Als die Pilgerzüge stark zunehmen, übernimmt der Servitenorden die Wallfahrtsstätte.

Kurköln im Dreißigjährigen Krieg

Die ungelösten Spannungen im Reich entladen sich nach dem Prager Fenstersturz 1618. Der dreißig Jahre währende Krieg, an dem so gut wie alle europäischen Mächte beteiligt sind, beginnt. Der Kurfürst, der der katholischen Liga treu bleibt, entscheidet sich für bewaffnete Neutralität – wie die anderen rheinischen Fürstentümer. Doch der Krieg hat seine eigenen Gesetze. Ferdinand kann nicht verhindern, dass auch am Niederrhein die Waffen sprechen. Prinz Moritz von Oranien, Statthalter der Niederlande, lässt 1520 nördlich von Bonn auf der Rheininsel Komper Werth eine Schanze errichten, die „Pfaffenmütze". Die Besatzung terrorisiert die Bevölkerung der umliegenden Landstriche. Erst 1623 werden die holländischen Truppen zum Abzug gezwungen, die Schanze zerstört. Nach dieser bösen Erfahrung muss der Kurfürst mehr für die Sicherheit seiner Residenzstadt tun. Die mittelalterliche Stadtmauer wird durch Bastionen verstärkt. Die Bereitschaft der Bürger, die „Fortifikation" zu unterstützen, ist gering. Sie klagen über Schäden in ihren Wein- und Obstgärten durch die Arbeiten und fordern Entschädigung.

Über Ferdinands später Regierungszeit liegt ein düsterer Zug der Buße. Seine größte staatsmännische Leistung ist es, sein Land und seine Residenz so weit wie möglich aus dem großen Krieg herausgehalten zu haben, der bis 1648 ganz Mitteleuropa mit allen nur möglichen Schrecken überzieht und weite Landstriche Deutschlands veröden lässt. Doch auch das kurkölnische Territorium wird nach Jahren der relativen Ruhe von 1623 bis 1630 nicht ganz von der Kriegsfurie verschont. Von ihrem König Gustav II. Adolf in Marsch gesetzt, erobern schwedische Truppen 1632 fast alle rheinischen Städte von Andernach bis Siegburg. Sie plündern Schwarzrheindorf und brandschatzen Stift und Kirche Vilich. In Mehlem, heute südlichster Bonner Ortsteil, gehen 82 Häuser und die Kirche in Flammen auf.

Vor allem die ländliche Bevölkerung erlebt unvorstellbare Härten. Marodierende Banden durchstreifen das Land. Der Text einer Verordnung Ferdinands von 1633 zeigt die verworrenen Verhältnisse, aber auch seinen festen Willen zum Handeln: „Bei der im rheinischen Erzstifte sowohl als in den Nachbarländern, dergestalt gestörten öffentlichen Sicherheit, dass kein Reisender ohne Gefahr der Beraubung, Misshandlung, Auffangung und Ranzionierung die Landstraßen und Wege benutzen kann, wird den Lokalbehörden befohlen, dem trupp- und rottenweise herumziehenden Raubgesindel nicht nur kein Aufenthalt und Unterschleif zu gestatten, sondern dasselbe bestmöglich aufzuspüren und unter Aufbietung der Untertanen zu verfolgen; die sich widersetzenden Verbrecher sollen niedergemacht und die sich Ergebenden verhaftet werden."

Bündnis mit dem Sonnenkönig

Am 13. September 1650 stirbt Kurfürst Ferdinand nach 55 Regierungsjahren in Arnsberg. Sein Neffe Max Heinrich, Sohn Herzog Albrechts von Bayern, zieht als neuer Kurfürst in Bonn ein. Er ist menschenscheu, willensschwach und misstrauisch. Stärker kann der Kontrast zu seinem Vorgänger nicht sein. Er führt manches weiter, was der Vorgänger begonnen hat. Am Schloss wird weiter gebaut, das Neue Zeughaus am Münsterplatz entsteht. Viele seiner Dekrete sind ganz praktischer Natur: So schärft er den Bürgern ein, die Häuser so mit Aborten auszustatten, dass alle Unsauberkeit in der Stadt verschwindet.

Ferdinands kirchliches Reformwerk schließt er ab, unterstützt fromme Stiftungen und den Bau von Kirchen. Der Jesuiten erhalten die alleinige Berechtigung zur schulischen Erziehung. Die neue Kirche des Ordens, die Namen-Jesu-Kirche in der Bonngasse, ist ein Beispiel für die eigenwillige Verschmelzung von gotischen und barocken Stilelementen (der Kunsthistoriker Paul Clemen bezeichnete ihre Westfassade mit den welschen Hauben als „die bedeutendste Barockfassade der ganzen Rheinprovinz“). Die Vollendung der Kirche erlebt der Kurfürst nicht mehr – er stirbt 1688. Noch in seinem Testament setzt er 38 000 Reichstaler für die Vollendung dieses Bauwerks ein.

Die eigentlichen Regierungsgeschäfte in Bonn führen seine beiden Brüder, die Minister Franz Egon und Wilhelm Egon von Fürstenberg. Von persönlichen Neigungen getrieben, gefesselt von der Persönlichkeit des „Sonnenkönigs“ Ludwig XIV. treffen sie eine folgenschwere Entscheidung. Sie binden 1658 den kurkölnischen Staat in einem geheimen Pakt an Frankreich, den erklärten Feind von Kaiser Leopold I. aus dem Hause Habsburg. Es geht um die Hegemonie in Europa und die Annexion von Städten und Ländern („Reunionen“). Die fürstenbergische Politik ist ein wichtiger Stein im französischen Spiel. Der Kampf entzündet sich am spanischen Erbe in den Niederlanden. Frankreich finanziert die Rüstung seiner Verbündeten, dazu gehört der Ausbau der Festung Bonn, die

1672 eine französische Besatzung erhält. In diesem Jahr beginnt die französische Offensive gegen Holland. Wilhelm III. von Oranien übernimmt selbst die Verteidigung seines Landes, lässt Dämme durchstechen und die Schleusen öffnen, mit Erfolg, 1673 stehen holländische und kaiserliche Truppen vor Bonn. Nach mehrtägiger Beschießung wird die Festung übergeben. Der Kurfürst ist nach Köln geflüchtet. Mehr als zehn Jahre lebt er dort zurückgezogen in der Abtei St. Pantaleon. Die Bürger Bonns aber haben 325 Morgen ihrer besten Weingärten eingebüßt und müssen nun 5000 Mann verpflegen. Es sollte noch viel schlimmer kommen.

Die Zerstörung Bonns im Jahre 1689

Als Haupterben seines Privatvermögens hat Kurfürst Max Heinrich seinen Verwandten, Prinz Joseph Clemens von Bayern, eingesetzt. Er erbt allein an geprägtem und ungeprägtem Geld 6,68 Millionen Reichstaler. Auch Bonn wird bedacht: An das Cassiusstift gehen 4000 Reichstaler, das Hospital erhält 6000, mit der Auflage, zwei Narren, zwei Zwerge und zwei junge Türken des Hofstaates lebenslänglich zu verpflegen. Noch ist nicht entschieden, wer der künftige Kurfürst ist. Der Papst möchte auf dem Kölner Stuhl Joseph Clemens sehen, Ludwig XIV. seinen Verbündeten, Wilhelm Egon von Fürstenberg. Die Wahl durch das Domkapitel bringt keine Entscheidung. Frankreich setzt seine Bataillone in Marsch, die 1688 kurkölnisches Territorium besetzen und Bonn zur Festung ausbauen. Die Franzosen stehen unter Zeitdruck. Der Feind rückt heran. Brandenburgische und holländische Regimenter nehmen das Fort in Beuel ein.

„Schrecklich war das Getöse“
Am Abend des 24. Juli 1689, einem Sonntag, beginnt die Beschießung der Stadt aus fünf Batterien mit 78 schweren Geschützen. Der Guardian des Minoritenklosters, Anton Wissingh, schreibt in sein Tagebuch: „Schrecklich war das Getöse der Explosionen und das Heulen der Bomben, die auf die Häuser

ringsum fielen, und nicht minder der Hagel der zersplitternden Dachziegel". Und Minister Johann Friedrich Freiherr von Karg berichtet seinem Herrn, dem Kurfürsten, nach München: „Ich habe von acht Uhr abends bis drei Uhr nach Mitternacht dem Elend in einem Stück zugesehen, so mit der Feder nicht zu beschreiben ist."

Am Morgen ist die kurfürstliche Residenz ausgebrannt, auch die meisten der Kirchen und Klöster liegen in Schutt und Asche. Das Rathaus mit dem Archiv der Stadt, der Zoll und die Bürgerhäuser sind bis auf etwa 40 innerhalb von 36 Stunden vernichtet. Ein unerträglicher Gestank liegt über der Stadt von unbeerdigten Leichen, Tierkadavern und den verbrannten Häusern und Vorräten. Die Franzosen erlauben den Bürgern, die Stadt unter Verzicht auf Hab und Gut zu verlassen. Auch das Münster wird von Granaten getroffen und brennt. Am 24. September kommt es auf dem Bonner Kreuzberg zu einer denkwürdigen Begegnung zwischen Kurfürst Friedrich III. von Brandenburg (er wird 1701 als Friedrich I. König von Preußen) und Herzog Karl von Lothringen, dem Befreier Wiens von den Türken. Die Franzosen, 4000 Mann zu Fuß und 750 Mann Kavallerie, ergeben sich. So kommt Kurfürst Joseph Clemens zu seiner Residenzstadt – auch wenn „die weyland berühmte und prächtige Stadt und Vestung Bonn in ihrer Aschen und unter ihren eigenen Steinhaufen vergraben" ist, wie es auf einem zeitgenössischen Kupferstich heißt.

Der Wiederaufbau der Stadt

In der zerstörten Stadt herrscht Chaos, der Winter steht vor der Tür und die meisten Menschen hausen in Ruinen. In die noch bewohnbaren Häuser haben sich die Besatzer einquartiert. Priorität hat jetzt die Instandsetzung der unbedingt nötigen Infrastruktur. Dazu gehören die Brunnen. Auch die Schulen müssen wieder eingerichtet werden. Die Jesuiten übernehmen diese Aufgabe. Sie beginnen auch mit dem Wiederaufbau ihrer Kirche, die erst 1717 eingeweiht werden kann.

Nur langsam fangen die Steuereinnahmen der Stadt wieder an zu fließen. Selbst die städtische Kuhweide in der Gronau muss verpfändet werden.

Die bürgerlichen Gewerbe- und Wohnviertel werden eher planlos und in billiger Ausführung wieder aufgebaut. Häufig sind nun die ursprünglichen Hausparzellen geteilt. So entstehen die schmalen Giebelhäuser, die für die Altstadt Bonns typisch sind. Äcker und Gärten vor der Stadt sind weitgehend verwüstet.

Erst neun Jahre nach dem Untergang des alten Schlosses, legt Kurfürst Joseph Clemens 1697 den Grundstein seiner neuen Residenz. Der bayerische Hofarchitekt Enrico Zuccalli liefert den Entwurf, doch zu einer Ausführung kommt es nicht. Der Kurfürst verbündet sich im Spanischen Erbfolgekrieg wie sein Bruder, Herzog Max Emanuel von Bayern, mit Frankreich. Und so muss die Stadt Bonn, die wieder von Franzosen besetzt wird, 1703 zum dritten Mal den Schrecken einer Belagerung erleben. Die einfachen Leute auf den Gassen Bonns rufen, niemals mehr solle man bayerische Prinzen zu Kurfürsten in Köln wählen, „maßen sie schon dreimal unter ihnen ruiniert worden“.

Erst 1715 kehrt der Kurfürst nach Bonn zurück und zwingt die holländischen Besatzer, die Stadt zu verlassen. Nun lässt er den Neubau des Schlosses, nach den Plänen des Pariser Hofarchitekten Robert de Cotte, ausführen. Da die Festungswerke niedergelegt sind, kann die Residenz zum Hofgarten hin offen angelegt werden. Nur die Bastion am Rhein erinnert als „Alter Zoll“ noch an die einstige Festung. In Sicht zur Residenz soll in Poppelsdorf das Sommerschloss des Kurfürsten entstehen. Auch wenn diese bis heute das Bild Bonns bestimmenden Bauwerke und die Allee, die sie verbindet, erst von seinem Nachfolger vollendet werden, hat Joseph Clemens doch planerisch weitsichtig die mittelalterliche Enge der Stadt nach Süden hin durchbrechen lassen. Er ordnet auch an, den Markt und die meisten Straßen der Stadt zu pflastern, und er lässt den heute so genannten Alten Friedhof vor den Mauern für „gemeine Einwöhner, Passanten und Soldaten“ anlegen. 1723 stirbt der Kurfürst.

Rokoko und Aufklärung

Glanzvolle Zeiten unter Clemens August (1724–1761)

In der fast ein Jahrhundert dauernden Friedenszeit wird Bonn unter den letzten Kölner Kurfürsten aus dem Hause Wittelsbach zur glanzvollen Residenz ausgebaut. Was unter Joseph Clemens begonnen wurde, erlebt unter Clemens August, dem herausragenden Wittelsbacher auf dem Kölner Kurfürstenstuhl, seine Vollendung. Bonn wird zur prächtigsten Residenz im Westen des Reiches. Architekten wie Robert de Cotte, Guillaume de Hauberat, François de Cuvilliés, Michael Leveilly und Balthasar Neumann haben daran mitgearbeitet.

Karriere eines Wittelsbachers
Clemens August wird 1700 als Sohn Max Emanuels von Bayern in Brüssel geboren. Zuvor schon Koadjutor, wird er 1724 Kurfürst von Köln. Erst ein Jahr später, nach seiner Ernennung zum Fürstbischof von Hildesheim, wird er zum Priester geweiht. 1727 erhält er durch Papst Benedikt XIII. die Bischofsweihe. Die Reihe der geistlichen Ämter, die mit ansehnlichen Einkünften verbunden sind, ist lang: Clemens August ist Bischof von Regensburg und Fürstbischof von Osnabrück, Münster und Paderborn und Hochmeister des Deutschen Ordens. Das Charakterbild zeigt einen Souverän, der eitel ist, ausgelassene Feste und die Jagd liebt. 1761 stirbt er in Ehrenbreitstein.

Zunächst erscheint Clemens August in Bonn nicht als kunstliebender Mäzen, als der er in die Geschichte eingeht. Schon im ersten Regierungsjahr legt er sich mit seiner Residenzstadt an und versucht, die einträglichste städtische Steuer, die Akzise, den Staatseinkünften zuzuschlagen. Der Streit wird erst 1752 beigelegt, die eingezogene Steuer der Stadt zurückerstattet. Ein weiterer Konfliktstoff ist die Einquartierung der kurfürstlichen Truppen. Die Stadt soll allein die beträchtlichen Kosten dafür tragen. Clemens August braucht viel Geld zur

Der letzte Kölner Kurfürst aus dem Hause Wittelsbach: Clemens August (1724–1761). Er ließ Bonn zur prachtvollen Residenz ausbauen.

Verwirklichung seiner Pläne. Subsidien kommen da gerade recht. Das sind Zahlungen, die die Großmächte einsetzen, um Fürsten zu „bestechen", damit diese die Politik des jeweiligen Geldgebers unterstützen, etwa durch Aufrüstung. Allein 20 000 Gulden monatlich sichert Frankreich 1747 dem Kurfürsten zu, aber auch Großbritannien und Holland zahlen. Beide verfeindeten Lager in Europa werden zur Kasse gebeten. „Eine rechte Wetterfahne" nennt ihn der Kaiser in Wien. Durch geschicktes Hin und Her zwischen den Großmächten sichert

Das kleine Lustschlösschen „Vinea Domini“ stand inmitten von Weingärten über dem Rheinufer etwa an der Stelle des heutigen Beethoven-Gymnasiums.

sich Clemens August einen beträchtlichen Teil der Geldmittel, mit denen er die Prachtentfaltung in seiner Residenz finanziert.

Das Schloss Augustusburg in Brühl ist das erste Objekt seiner fürstlichen Selbstdarstellung. Der Jagdfreund hat westlich von Bonn ein ideales Revier für seine Leidenschaft: den Kottenforst. In Röttgen, lässt er das Schloss Herzogsfreude und ein Jägerhäuschen errichten. Ein kleines Lustschlösschen am Rhein ist die „Vinea Domini“ inmitten von Weinbergen, bestens geeignet für intime Gesellschaften. Vor den Toren Bonns, in Poppelsdorf, wird das Schloss Clemensruhe vollendet, das der Vorgänger, Joseph Clemens, unfertig hinterlassen hatte. Die Ausstattung zeigt das ganze Luxusbedürfnis des Bauherrn. Hier sind die Gemälde- und Porträtsammlungen untergebracht. Und hier sucht der Kurfürst Entspannung und Zerstreuung. Eine Attraktion ist der Grottensaal, dessen Wände mit Muscheln und Korallen überzogen sind. Seine Gäste lädt er zum „Passspiel“ ein oder zu einer Gondelfahrt auf dem Weiher. Das Schloss wird umrahmt von einer Gartenanlage (heute Botanischer Garten der Universität). Zur ländlichen Atmosphäre tragen Schweizerei, Fasanerie und Baumschule bei. Eine breite Allee – bis heute prägender Akzent – führt vom Poppelsdorfer Schloss zum Residenzschloss.

Ein wahrer Magnet für fromme Pilger wird nun die Wallfahrtskirche auf dem Kreuzberg. Balthasar Neumann erhält den Auftrag, das Gotteshaus mit einer Heiligen Stiege zu erweitern. 1751 ist das Werk vollendet. Es symbolisiert nach Auffassung der Zeit den menschlichen Weg zur himmlischen Vollendung. Kniend betrachtet der Pilger Stufe für Stufe den Leidensweg Christi.

Im Residenzschloss sind auch die kurfürstlichen Behörden – Geheime Kanzlei, Hofrat und Hofkammer – samt Archiv untergebracht. Das markante Michaelstor (heute Koblenzer Tor) wird bis 1755 errichtet. Die ganze Länge der oberen Etage der Hofgartenfront nimmt die Reihe der Prachtgemächer ein. Ein Detail an der Gartenfront zieht Besucher bis heute an. Es ist die „Regina Pacis“, das vergoldete Standbild der Muttergottes mit Jesuskind in einer Nische, ein Werk von Willem Rottermondt (1744). Zu ebener Erde im Schloss befindet sich das Hoftheater, in dem meist auswärtige Schauspielergesellschaften Opern aufführen und die beliebten Maskenbälle („Bönnsche Ballstücke“) stattfinden.

1777 ist es mit all dieser Herrlichkeit erst einmal vorbei. Fünf Tage wütet das Feuer und zerstört das Residenzschloss zu großen Teilen. Die Ursache wird nicht geklärt. Vieles vom Inventar kann nicht gerettet werden. Rasch kommt es zum Wiederaufbau, wenn auch in schlichterer Form nach Plänen des Architekten Johann Heinrich Roth.

Zu dieser Zeit ist bereits der Nachfolger von Clemens August, Max Friedrich von Königsegg an der Regierung (1761–1784). Der frühere Domdechant in Köln kann als Kurfürst keine starken Akzente setzen. Nicht nur der Schlossbrand,

Das unter Kurfürst Joseph Clemens nach Plänen des französischen Hofarchitekten Robert de Cotte erbaute Residenzschloss, vom Alten Zoll aus gesehen. – Kupferstich von Lorenz Janscha und Johann Ziegler 1798.

auch die Hungersnot von 1771, die eine ungeheure Teuerung auslöst, und das Hochwasser im Februar 1784 fallen in seine Regierungszeit. Eine solche Überschwemmung mit einem Pegelstand von 14,30 Metern hat es nachher nie wieder gegeben. Die Hochwassermarke ist noch heute im Kreuzgang des Bonner Münsters zu sehen.

Ein neues Rathaus entsteht

Unter Clemens August ist auch der Ausbau der Stadt mächtig vorangekommen. Ihre „gute Stube“ ist nach der Belagerung und Beschießung Bonns 1689 nur notdürftig wiederhergestellt worden. Erst 1738 erhält die Stadt nach den Plänen des Hofarchitekten Leveilly ein würdiges Rathaus am oberen Ende des Marktes. Die zweiläufige charakteristische Freitreppe mit elegantem Gitter, die in leicht vergoldeten Kapitellen endenden Pilaster, die Muschelmotive in den Lunetten und die goldene Krone des Kurfürsten über dem Wappen der Stadt – all das gibt dem dreigeschossigen Bauwerk etwas ausgesprochen Anmutiges. In seiner repräsentativen Gestalt wird das neue Rathaus auch zum Festhaus der Stadt, in dem Konzerte stattfinden.

Nach den Plänen des Hofarchitekten Leveilly wurde 1738 das neue Rathaus am oberen Ende des Marktes errichtet. Heute nutzt es die Stadt für repräsentative Anlässe.

Zugleich dient es als Kaufhaus, Keller und Speicher, die neue Fleischhalle wird später daran gebaut. Die Gegend um den Markt, vor allem der Markt selbst, hat seinen Rang als Geschäftsviertel behalten.

Starke soziale Gegensätze

Wirtschaftlich gesehen gehört Bonn im 18. Jahrhundert trotz blühender keramischer Industrie sowie der Kerzen- und Seifenproduktion nicht zu den führenden rheinischen Städten. Die Wirkung der kurfürstlichen Hofhaltung ist ambivalent. Zum einen bewirkt sie ein starkes Anwachsen der Bevölkerung – seit 1600 hat sich deren Zahl mehr als verdoppelt. Das belebt die Nachfrage. Die Versorgung des Hofes übernehmen jüdische „Hoffaktoren“ wie Simon Baruch, die auch Kredite geben. Eine Verfeinerung der Lebenshaltung in den gehobenen Schichten der Residenz kommt durchaus dem städtischen Kaufmannsstand zugute.

Da der Hof und der Adel eigene Hofhandwerker beschäftigen, kann das Bonner Handwerk aber nicht voll vom Residenzstandort profitieren. Die 1790 erstellten „Zustandstabellen“ sind die erste zuverlässige Einwohnerstatistik der Stadt. Danach leben damals innerhalb der Mauern 10135 Menschen in 1121 Häusern. Noch haben 462 Häuser nur einen Haushalt, doch schon etwa 100 beherbergen fünf und mehr Haushaltungen. Im Schnitt leben also neun Menschen in einem Haus. Bauplätze sind nicht mehr zu bekommen.

Die sozialen Gegensätze sind stark. Am oberen Ende Adel, Minister und Hofchargen, am unteren Ende eine breite Schicht, zu der auch viele Dienstboten gehören. Etwa 500 Leute fristen mit einer Armenhausspende ihr Leben. Elendsquartiere sind die an die Stadtmauer angebauten „Bogenhäuser“. Das gehobene Bürgertum hat seine Häuser am Markt und den angrenzenden Gassen. Zu dieser Schicht gehören die kurfürstlichen Beamten, die „gelehrten Räte“, die Advokaten, Ärzte und Apotheker, die Goldschmiede und Kaufleute; die breitere sozial inhomogene Mittelschicht setzt sich vor allen aus Handwerkern und anderen kleinen Gewerbetreibenden zusammen.

Die Handwerker pochen auf die Einhaltung der engen Regelungen des Zunftwesens, das bereits durchlöchert ist. 1731 schränkt ein Reichsgesetz die Autonomie der Zünfte ein. Doch von den Bonner Zünften werden die städtischen Mauern als Wirtschaftsgrenze verteidigt und die Konkurrenz in Köln und im Bergischen Land als Bedrohung empfunden.

Auch die Klöster, die wirtschaftliche Privilegien genießen und beinahe ein Drittel des städtischen Bodens besitzen, sind dem Bonner „Mittelstand“ ein Dorn im Auge. Gleiches gilt für die jüdischen Geschäftsleute. 1716 wird auf kurfürstliche Anordnung eine durch Tore abgeschlossene Judengasse mit 16

Häusern, Synagoge und Rabbinerhaus angelegt. Beschwerde führt das Gremium der „Zwölfter“ vor allem über die eingebürgerten italienischen Händler, die in den Zeiten des Wiederaufbaus schnell zu Wohlstand kommen. Erst mit ihnen gibt es einen richtigen Kaufmannsstand in Bonn, dessen Söhne in die Familien der „gelehrten Räte“ einheiraten können. Die Kaufleute sitzen auch im Stadtrat und stellen mehrfach den Ratsbürgermeister.

Bonns ländliche Umgebung ist zu jener Zeit geprägt vom Weinbau. Die Betriebsgrößen sind klein, wie ein Blick auf das Dorf Kessenich zeigt. Von den rund hundert Haushaltungen, die es dort gibt, verfügen nicht einmal zehn über mehr als zehn Morgen Land. Jeder Fünfte hat überhaupt kein Land. Es sind Witwen, Weber, Schuster und Taglöhner – und der Lehrer. Der Dorfhandwerker gehört zum Bild der Dörfer. Während der enorm zersplitterte Besitz der Bevölkerung nur ein sehr bescheidenes Einkommen verschafft, bewirtschaften die Pächter der großen Güter der Stifte und Klöster 150 bis 300 Morgen Land. Eine der wenigen Adelsvillen im Weichbild Bonns ist damals die 1750 im Rokokostil errichtete (und nicht erhaltene) Sternenburg in Poppelsdorf.

Geistesleben in Zeiten der Aufklärung

Steht Clemens August für den prachtvollsten Hof des Rokoko im deutschen Westen, so darf Kurfürst Max Franz als Musterbeispiel eines aufgeklärten Absolutismus gelten. 1784 wird er Kurfürst von Köln. Der Habsburger, jüngster Sohn Maria Theresias, ist ein tüchtiger, sparsamer und persönlich anspruchsloser Herrscher. Er wohnt in einem Privathaus und geht zu Fuß im schlichten schwarzen Rock durch die Straßen seiner Residenz.

Bildung ist das Schlüsselwort am Ausgang des 18. Jahrhunderts. Das fängt ganz unten an – 1786 wird die Bonner Normalschule eröffnet, ein Jahr später die „Deutsche Stadtschule“ in der Brüdergasse – und endet ganz oben. 1786 erhebt Max Franz die von seinem Vorgänger gegründete „Maxische

Der Habsburger Max Franz, ein Sohn Maria Theresias, war letzter Kurfürst von Köln (1784–1794).

Akademie" in den Rang einer Universität. Ein aufklärerischer Geist durchdringt die akademische Ausbildungsstätte.

Eine wichtige Funktion im gesellschaftlichen und Geistesleben Bonns in diesen Jahren hat die Lesegesellschaft, kurz „Lese" genannt. Sie soll der gemeinsamen Lektüre und dem Gedankenaustausch dienen und so „das heilige Feuer der Aufklärung" auch in Bonn entzünden. In ihrem Lesekabinett im Rathaus liegen entsprechende periodische Schriften und Bücher auf, die sich der einzelne oft nicht leisten kann. Wie es in der Satzung heißt, kann „ein jeder Literaturfreund" in die Gesellschaft aufgenommen werden, bei der hohen Aufnahmegebühr bleiben Adel und Bürgertum aber unter sich. Der Kurfürst fördert die „Lese", die bis 1794 fast 170 Mitglieder hat. In ihr Gästebuch trägt sich auch Wilhelm von Humboldt ein.

Kurfürst Max Franz fördert auch das musische Leben in der Residenz. Er spielt selbst mehrere Streichinstrumente.

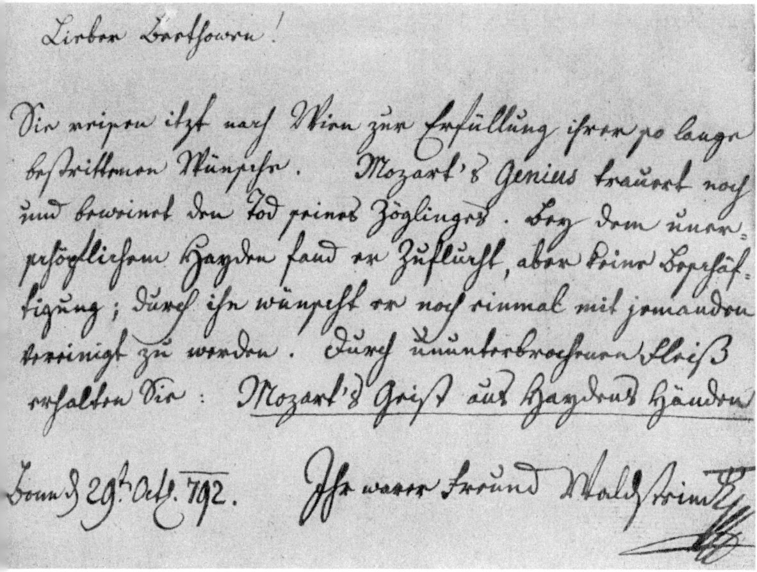
Lieber Beethoven!

Sie reisen itzt nach Wien zur Erfüllung ihrer so lange bestrittenen Wünsche. Mozart's Genius trauert noch und beweinet den Tod seines Zöglinges. Bey dem unerschöpflichen Hayden fand er Zuflucht, aber keine Beschäftigung; durch ihn wünscht er noch einmal mit jemanden vereinigt zu werden. Durch ununterbrochenen Fleiß erhalten Sie: Mozart's Geist aus Haydens Händen.

Bonn d 29t Oct. 792. Ihr wahrer Freund Waldstein

„Durch ununterbrochenen Fleiß erhalten Sie: Mozart's Geist aus Haydns Händen" – Reproduktion des Eintrags von Graf Waldstein in Beethovens Stammbuch aus dem Jahr 1792.

Der Wiener und Mannheimer Stil hält Einzug in Bonn. Joseph Reicha aus Böhmen wird Leiter der Hofkapelle, der Musiker und Schriftsteller Christian Gottlob Neefe, ein Protestant, führt Regie. Im Hoftheater stehen deutsche Singspiele und Mozarts Opern auf dem Programm.

Beethoven – Bonns großer Sohn

Nicht nur bei Hof, auch in bürgerlichen Haushalten wird ein intensives Musikleben gepflegt. Vor allem ein junger Mann macht Furore, dessen Großvater schon die Hofkapelle geleitet hat. Es ist Ludwig van Beethoven, der bei Neefe in die Schule gegangen ist. Joseph Haydn lernt den 20-Jährigen, der schon

Hoforganist ist, bei seinem Besuch in Bonn im Jahre 1790 kennen. Eine lebenslange Freundschaft verbindet Beethoven mit dem Bonner Arzt und Universitätsprofessor Franz Gerhard Wegeler. Wichtigster adeliger Freund und Gönner der frühen Jahre ist Graf Ferdinand Waldstein. Ihm widmet der Komponist später seine Klaviersonate op. 53. Der Kurfürst selbst schickt das Genie nach Wien – und Waldstein, der dort beste Verbindungen in die Adelskreise hat, schreibt ihm ins Stammbuch: „Durch ununterbrochenen Fleiß erhalten Sie: Mozarts Geist aus Haydns Händen".

Auch wenn die Kaiserstadt Mittelpunkt seines Lebens und Schaffens wird, hat Beethoven seine Bonner Heimat und ihre reizvolle Umgebung doch nie vergessen. So schreibt er 1801 an seinen Freund Wegeler: „Mein Vaterland, die schöne Gegend, in der ich das Licht der Welt erblickte, ist noch immer so schön und deutlich vor meinen Augen, als da ich Euch verließ; kurz, ich werde die Zeit als eine der glücklichsten Begebenheiten meines Lebens betrachten, wo ich Euch wieder sehen und unseren Vater Rhein begrüßen kann ..." Bonn hat Beethoven ein zentrales Denkmal auf dem Münsterplatz errichtet; sein Geburtshaus in der Bonngasse ist Pilgerstätte für Musikfreunde und Touristen aus aller Welt.

Godesberg wird Bad

Godesberg verdankt dem Kurfürsten Max Franz seine Anfänge als Badeort. Der Stein kommt ins Rollen, als die vom Kurfürsten in Auftrag gegebene Analyse der dortigen Mineralquellen viel versprechend ausfällt – „säuerlich, stechend, prickelnd wie Champagner und eisenhaft", heißt es im Gutachten des Arztes und späteren Chemieprofessors Ferdinand Wurzer. Der Fürst erwirbt daraufhin den „Draitschbrunnen" samt umliegendem Gelände, lässt die Anlage gärtnerisch großzügig gestalten und das Gebäude der Redoute errichten. Einer Gesellschaft wird schließlich das Monopol am Mineralbrunnen übertragen und das Privileg erteilt, in den Sälen der Redoute Bälle und Konzerte zu veranstalten. So entsteht unter Kurfürst Max Franz im ländlichen Ambiente zu Füßen der Godesburg, deren Ruine eine weithin sichtbare Landmarke bildet, ein neues, wenn auch bescheidenes höfisches Zentrum.

Das im 14. Jahrhundert errichtete Hochkreuz an der Straße nach Godesberg. Im Hintergrund rechts die Ruine der Godesburg. – Lithographie von Laurenz Lersch 1837.

Die Franzosen kommen

Die welterschütternden Ereignisse in Frankreich – am 14. Juli 1789 bricht in Paris die Revolution aus – bestimmen den Gang der Geschichte in den nächsten Jahrzehnten. Auch in Bonn gibt es einige, die große Sympathie für die Revolution und ihre Losung – Freiheit, Gleichheit, Brüderlichkeit – hegen. Der Terror der Jakobiner und die Guillotine sind weit weg. Mit der Ruhe ist es vorbei, als 1794 französische Revolutionstruppen im Anmarsch sind. Am 3. Oktober verlässt Max Franz mit seinem Gefolge die Stadt und setzt über den Rhein. Das Ende des Kurstaates ist eingeläutet. Fünf Tage später wird die Stadt besetzt.

Die Zeit der französischen Herrschaft bedeutet trotz ihrer relativ kurzen Zeitspanne von nicht einmal 20 Jahren eine tiefe Zäsur für die linksrheinischen Gebiete. Es ist der Umsturz alles Bestehenden. Die Welt des „ancien régime“ versinkt für immer. Nicht nur die feudalen Strukturen werden hinweggefegt, sondern auch die städtischen Privilegien und das Zunftwesen. An die Stelle der geistlichen Herrschaften tritt der zentralistische französische Großstaat, der seine neuen Bürger im Griff hat. Man müsse in solchen Zeiten „in seinen Reden sehr behutsam sein“, schreibt Jakob Müller, der Chronist jener Jahre, in seinem „Diarium“.

Nur eine kleine aktive Gruppe der „Cisrhenanen“, die eine eigenständige rheinische Republik anstreben, begrüßt die neuen Verhältnisse. Die Herrschaft der Volkssouveränität zeigt sich despotischer als die alte Ordnung „unter dem Krummstab“. Es gibt immer wieder tätliche Auseinandersetzungen. Bei einem Fest im Hofgarten, der nun Nationalgarten heißt, versuchen einige Wirrköpfe, das Standbild der „Regina pacis“ aus seiner Nische zu reißen. Als dies nicht gelingt, sieht die Bevölkerung darin ein Zeichen Gottes. Schwer lasten Raubwirtschaft, Konfiskationen, neue Steuern und Einquartierungen auf der Bevölkerung.

Französische Provinzstadt am Rhein

Nach dem Staatsstreich Napoleon Bonapartes und dem Friedensschluss von Campo Formido 1797, der den ersten Koalitionskrieg gegen Frankreich beendet, wurden die linksrheinischen Gebiete französisches Staatsgebiet, unterteilt in vier Departements. Bonn war nun Unterpräfektur im Rhein-Mosel-Departement – mit Koblenz als Zentrum – und sank damit zur Bedeutungslosigkeit einer französischen Provinzstadt an der äußersten Peripherie herab. Der Rhein wurde zur streng überwachten Zollgrenze, es gab keinen nennenswerten wirtschaftlichen Verkehr mehr mit den rechtsrheinischen Gebieten. Alle Beamten in der Verwaltung mussten den Treueeid auf die französische Republik leisten. Der deutsche Patriot Ernst Moritz Arndt, der später in Bonn eine bedeutende Rolle spielte, schrieb: „Die Hoffnungen vieler Jahrhunderte sind niedergetreten. Dieses Städtchen aber, welches allein vom Hofe lebte, keine Fabriken hatte und keinen Handel, hat am meisten verloren. Mit dem Hofe sind sein Glanz und sein Erwerb dahin …" 12 000 Einwohner zählte Bonn noch 1792, zehn Jahre später waren es gerade noch 8800.

Der französische Regierungskommissar Franz Joseph Rudler setzte am 1. Mai 1798 auch in den neuen linksrheinischen Departements per Verordnung die Bestimmungen über den bürgerlichen Zivilstand um. Hatte die Führung der Geburts-, Heirats- und Sterberegister über Jahrhunderte in den Händen der Pfarrer gelegen, so ging diese Funktion nun auf die Gemeindeverwaltung über, die dafür Standesämter einrichteten. Die Pfarrer durften Taufen, Trauungen und Beerdigungen nun nicht mehr ohne entsprechende standesamtliche Urkunde vornehmen. Der entscheidende Schritt für die Durchsetzung der neuen Rechtsordnung aber geschah durch den am 21. März 1804 eingeführten „Code civil". Es war, vereinfacht gesagt, die juristische Umsetzung des Programms der Revolution (in Teilen wurde er nach 1814 von Preußen übernommen und behielt Geltung in den linksrheinischen Gebieten und in Baden bis zur Einführung des Bürgerlichen Gesetzbuchs im Jahr 1900).

Mit dem „Code civil", der wenig später in Kraft tretenden Zivilprozessordnung sowie dem Handels- und Strafgesetzbuch erhielten die Bürger umfassende Rechtsnormen, die für alle galten. Die Protestanten – die damals in Oberkassel eine starke Gemeinde und ihre einzige Kirche im Bonner Raum hatten – und die Juden bekamen 1802 volle Bürgerrechte.

Am 14. Mai 1800 wurde in den linksrheinischen Gebieten die Mairie-Verfassung eingeführt. Zur Mairie Bonn gehörten die Stadt selbst und die Dörfer Dransdorf und Graurheindorf; die Mairie Poppelsdorf umfasste die Dörfer Poppelsdorf, Endenich, Kessenich, Dottendorf, Duisdorf, Lengsdorf, Ippendorf und Röttgen; zur Mairie Godesberg zählten Godesberg, Plittersdorf, Rüngsdorf, Friesdorf, Muffendorf, Lannesdorf und Mehlem (diese Bürgermeister-Verfassung wurde auch in preußischer Zeit beibehalten).

Die Folgen der Säkularisation

Weitreichende Folgen für die linksrheinischen Gebiete hat das Konkordat, das Napoleon, nun Erster Konsul in Frankreich, mit Papst Pius VII. abschließt. Es setzt zum einen der extrem kirchenfeindlichen Haltung der Republik ein Ende, besiegelt aber zugleich 1802 das Ende des geistlichen Besitzes im Rheinland (1803 kommt es aufgrund des Reichsdeputationshauptschlusses in allen deutschen Ländern zur Aufhebung von geistlichem Besitz).

In Bonn hinterlässt die Säkularisation deutliche Spuren: Die kurfürstlichen Schlösser werden Staatseigentum, die unermesslichen Kunstschätze versteigert. Alle Klöster und geistlichen Stifte gehen unter, das uralte Cassiusstift, Dietkirchen, Schwarzrheindorf und Vilich. Das Welschnonnenkloster ist bereits Kaserne, die Jesuitenkirche Pferdestall. Das Münster wird Kantonalpfarrkirche, die drei anderen Bonner Pfarrkirchen – St. Remigius, St. Gangolf und St. Martin – werden abgerissen. Der schöne romanische Taufstein aus St. Martin, in dem zeitweise Salzfleisch gelagert wird, steht heute im Münster. Der Verkauf des geistlichen Besitzes zählt zu den größten wirtschaftlichen Transaktionen in der Bonner Geschichte. 166 Hektar wechseln für rund 230 000 Francs den Besitzer. Der bürgerliche Haus- und Grundbesitz nimmt beträchtlich zu. Die wirtschaftliche Lage drückt die Preise. So erwirbt der Musikverleger Nikolaus Simrock für 9750 Francs Haus und Garten des Deutschen Ordens in der Bonngasse.

Mit Zollpolitik und Kontinentalsperre gegen England schotten die Franzosen ihren riesigen Binnenmarkt ab. So entsteht nach 1806 in Bonn eine Textilindustrie. Bald sind in fünf Betrieben 1200 Menschen beschäftigt. Billige Arbeitskräfte gibt es genug, und der Erwerb von Produktionsstätten aus säkularisiertem Kirchenbesitz ist günstig. Vor allem die Baumwollspinnerei, die im ehemaligen Franziskanerkloster und in dessen Kirche eingerichtet wird, ist ein wahrer Musterbetrieb, ausgestattet mit mehr als 9000 Spindeln. Sie arbeitet mit einer 20-PS-Dampfmaschine. Nach Aufhebung der Kontinentalsperre ist es mit dieser kurzen industriellen Blüte in Bonn aber bald vorbei. Rechtsrheinisch, auf der Hardt, errichtet Bergmeister Leopold Bleibtreu 1806 die erste Alaunhütte, eine zweite kommt hinzu. Das Mineral wird vor allem in der Textilproduktion eingesetzt. Um 1840 sind diese Alaunhütten die größten in Preußen.

Napoleon besucht die Stadt

Der Großteil der Bonner bleibt der französischen Herrschaft gegenüber reserviert. 1804 besuchen Napoleon I. und seine Gemahlin Joséphine Bonn. Am Morgen reitet er in scharfem Trab durch die Stadt, vom Kreuzberg aus betrachtet er die Gegend. 1806 legt Kaiser Franz II. die Kaiserkrone nieder, das Heilige Römische Reich besteht nicht mehr. Wer nimmt noch Notiz davon? Es dauert nicht mehr lange, und auch Söhne Bonns dienen in Napoleons Armeen, die durch Europa marschieren. 1811 besucht der Kaiser zum zweiten Mal die Stadt. Er mustert die Regimenter und „rekognosziert" vom Finkenberg im rechtsrheinischen Limperich aus, ob Bonn zu einer Hauptfestung ausgebaut werden kann. Den Plan dazu hat er mitgebracht. Doch dazu kommt es nicht. Napoleon gibt Köln den zweifelhaften Vorzug der Befestigung. Zwei Jahre später ist der einst strahlende Stern des Korsen am Sinken. Bereits Anfang November 1813 erscheinen die ersten Truppen der Verbündeten auf dem rechtsrheinischen Ufer.

Unter preußischer Herrschaft

Kontinuität im Übergang

Knapp zwei Wochen nach Blüchers Rheinübergang bei Kaub räumen die Franzosen am 14. Januar 1814 Bonn. Politisch gesehen ist die Zukunft der linksrheinischen Gebiete zunächst noch völlig offen. Auf dem Wiener Kongress fällt die Entscheidung. Die Rheinprovinz kommt zu Preußen. Am 1. April 1815 nimmt König Friedrich Wilhelm III. offiziell Besitz von den linksrheinischen Gebieten. Damit wird der Bonner Raum, links- wie rechtsrheinisch, zum ersten Mal in seiner Geschichte unter einer Herrschaft vereint, und die jahrhundertealten historischen Beziehungen, die durch die französischen Verwaltungsgrenzen unterbrochen worden sind, werden wiederhergestellt. Zum neu gebildeten Landkreis Bonn – im Regierungsbezirk Köln – gehört auch die rechtsrheinische Gemeinde Vilich. Die Mairien der Franzosenzeit werden zu Bürgermeistereien.

In Bonn gibt es trotz der Schikanen der Militärverwaltung zunächst keine Antipathien gegen Preußen. Noch 1815 löst eine Zivilregierung die Militärverwaltung ab. Als erste preußische Zentralbehörde in Bonn wird das Oberbergamt errichtet, dem der gesamte Bergbau zwischen Düren und Saarbrücken unterstellt ist. Bonn wird auch Garnison; seit 1816 ist ein Ulanenregiment einquartiert. In der kommunalen Verwaltung setzt man auf Kontinuität: So ist der frühere Maire, Anton Maria Karl Graf von Belderbusch, nun Oberbürgermeister der Stadt und wird später Landrat des Kreises. Zu den neuen Köpfen zählt der aus Schwaben gebürtige Philipp Joseph Rehfues, der Kreisdirektor wird. Mit ihnen stehen in dieser schwierigen Zeit des Übergangs Persönlichkeiten an der Spitze von Stadt und Kreis, die sich preußischer Engstirnigkeit widersetzen.

Handwerk, Gewerbe und Handel dominieren das Wirtschaftsleben der Stadt wie ehedem, die Zahl der Handwerks-

Ansicht der Stadt Bonn vom Kreuzberg aus, links das Poppelsdorfer Schloss. Von dort führt die Allee auf das Residenzschloss zu. In der Bildmitte das Münster und die „welschen Hauben" der Namen-Jesu-Kirche. – Lithographie von C. Beer um 1840.

betriebe wächst freilich schneller als die Nachfrage. So mancher erwirtschaftet unter diesen Bedingungen nicht einmal das Existenzminimum. In einem zeitgenössischem Bericht heißt es: „Die Verhältnisse des Handwerkerstandes bildeten auch in unserer Stadt die düstere Seite des Gemeinwesens. Aus ihm rekrutiert sich fortwährend der eigentliche Proletarierstand, und von solidem Wohlstand kann nur bei wenigen Meistern die Rede sein." Auf viele Jahre hinaus müssen hunderte Familien unterstützt werden.

„Mehr mittelmäßig als schön"

Die Stadt selbst macht auf Besucher einen heruntergekommenen Eindruck. Der Schriftsteller Joseph Gregor Lang befindet: „Die Straßen sind nicht regelmäßig, zu schmal, und die Reinigung derselben nicht sorgsam; das Pflaster ist schlecht, die Beleuchtung im Winter elendig, der Häuserbau im Durchschnitte mehr mittelmäßig als schön.“ Nur ein Viertel der etwa 1100 Häuser ist massiv gebaut. Stadtmauer und Bastionen verhindern die Ausdehnung der Stadt. Erst nach 1825 wird die mittelalterliche Begrenzung im Norden durchbrochen, das mächtige Kölntor fällt, und im Süden und Westen der Stadt entstehen Landhäuser. Nur wenige größere Bauwerke – so die Anatomie im Hofgarten (später Akademisches Kunstmuseum mit einer einzigartigen Sammlung von Gipsabgüssen) und die Sternwarte am Poppelsdorfer Schloss – werden errichtet.

Die Gegend um Bonn bewahrt noch Jahrzehnte ihren dörflichen Charakter. Es wird Wein und zunehmend Gemüse angebaut. Selbst Godesberg sinkt nach Schließung seiner Spielbank 1818 als Badeort in Dämmerschlaf. Doch langsam entwickelt sich der Fremdenverkehr. Bonn wird als Eingangstor zum landschaftlich reizvollen Mittelrhein Hauptanlegestation für die Dampfschifflinien. Dies spielt auch eine Rolle bei der Planung der linksrheinischen Eisenbahn durch die preußische Regierung. Sie führt von Köln nach Bonn, bereits 1844 wird der Verkehr aufgenommen. Die Endstation liegt auf der Westseite der Stadt an der Poppelsdorfer Allee. Der „romantische Rhein“ lockt vor allem reiselustige Engländer. Sie alle haben Lord Byrons Drachenfelsgedicht im Epos „Childe Harold's Pilgrimage“ gelesen und Tomblesons Reiseführer „Views of the Rhine“, der ein europäischer Bestseller wird.

Die Gründung der Universität

Die Gründung der Universität Bonn durch den preußischen König Friedrich Wilhelm III. im Jahre 1818 (seit 1828 trägt sie seinen Namen) ist ein wichtiger Schritt für die künftige Entwicklung der Stadt. Mit dem Zuzug von Professoren und Studenten verändert sich – über einen längeren Zeitraum gesehen – nicht nur das Bild der städtischen Gesellschaft, die Alma Mater wird auch zum Wirtschaftsfaktor und verschafft so der

Stadt einen kleinen Ausgleich für den Verlust ihrer früheren Residenzfunktion. Preußen stattet die Neugründung großzügig mit einem jährlichen Zuschuss aus. Das ehemalige Residenzschloss wird Sitz der Universität, die schon bald nach Berlin die zweitgrößte in Preußen ist. 1847 wird in Poppelsdorf auch eine Höhere Landwirtschaftliche Lehranstalt gegründet, die 1861 zur Akademie erhoben wird (nach dem Ersten Weltkrieg Hochschule mit Promotionsrecht).

Erst einmal ist das Verhältnis zwischen alteingesessenen Bürgern und Universität gespannt. Die Professoren fühlen sich im städtischen Leben isoliert, die Mieten für die ‚Studentenbuden' sind unanständig hoch. Justus von Liebig, Student im ersten Semester (und später Professor in Gießen) schreibt seinen Eltern: „Lieber Himmel, was braucht man hier für ein Geld! Ich habe schon alles bis auf zwanzig Gulden ausgegeben." Auch wenn die Studenten nur zu oft durch nächtliche Ruhestörungen und Raufereien mit Nachtwächtern, vor allem beim Obelisken am Markt, auffallen, sind sie doch auch eine willkommene Einnahmequelle für Vermieter und Schankwirte.

Über den ersten Jahren der Universität steht in ganz anderer Hinsicht kein guter Stern. Im Juli 1819 durchsucht die Polizei die Wohnungen mehrerer Professoren, darunter die von Ernst Moritz Arndt sowie der Brüder Carl Theodor und Friedrich Gottlieb Welcker, und beschlagnahmt Papiere. Die Burschenschaften werden verboten, Arndt verliert sein Amt. Die Universität steht nun unter Überwachung durch einen Kurator, dessen Berichte direkt nach Berlin gehen. Zunächst kann unter den wissenschaftlichen Kapazitäten nur August Wilhelm von Schlegel gewonnen werden, der Literatur und Kunstgeschichte unterrichtet. Bald aber gehören auch Gelehrte wie Barthold Georg Niebuhr, einer der Begründer der modernen Geschichtswissenschaft, der katholische Theologe Georg Hermes und der Mediziner Johannes Müller zur Professorenschaft.

Anfangs sind nur 47 Studenten immatrikuliert, später schwankt ihre Zahl zwischen 600 und mehr als tausend. Heinrich Heine ist einer der ersten Studenten in Bonn, im Oktober

1819 wird er wegen der Teilnahme an einer patriotischen Feier verhört. Er studiert Jura, sitzt aber lieber in Schlegels Vorlesungen. Auch Karl Marx hat zwei Semester in Bonn verbracht. Die Exmatrikel aus dem Jahr 1836 vermerkt einen eintägigen Aufenthalt im Karzer wegen „nächtlichen ruhestörenden Lärmens und Trunkenheit". Nach Bonn kommen auch Emanuel Geibel, Wolfgang Menzel, Jacob Burckhardt. Friedrich Nietzsche, der Mitglied der Burschenschaft „Frankonia" wird, dann aber austritt, hält Bonn für eine „ungesellige Stadt … Selbst unter den Studierenden herrscht ein kalter vornehmer Ton". Die älteste Bonner Studentenverbindung ist das Corps „Rhenania", das 1820 gegründet wird wie auch das Corps „Guestphalia". In das Corps „Borussia", die Verbindung des Adels, treten auch die preußischen Prinzen ein, die bevorzugt in Bonn studieren.

„Hier sang ich meine ersten Lieder"

Viele Studenten haben in ihren Briefen und Werken Bonns idyllische Seiten verewigt. So schreibt der Dichter des „Deutschlandliedes", August Heinrich Hoffmann von Fallersleben, über einen Abendspaziergang im Mai entlang der Poppelsdorfer Allee: „Die Sonne ging eben unter, das Siebengebirge lag in seinem veilchenblauen Scheine neben uns; die hohen Kastanien, unter denen wir wandelten, blühten in voller Pracht. Ich wurde fast schwindelig von der zauberischen Aussicht. Wie schön ist die Gegend! rief ich aus, wäre doch das Leben auch so!" Später schreibt er in seinen „Poppelsdorfer Erinnerungen": „Hier sang ich meine ersten Lieder, ich liebte hier zum ersten Mal." Die Angebetete ist das Töchterlein seines Hauswirts. Ähnliche Gefühle hat auch Luigi Pirandello Jahrzehnte später. Der Dichter aus Sizilien schreibt in Bonn seine Doktorarbeit und verliebt sich hier in eine 20-jährige Offizierstochter, der er seine „Elegie renane" widmet.

Konfessionelle Fragen zogen die Rheinische Friedrich-Wilhelms-Universität in den dreißiger Jahren in einen Strudel von Auseinandersetzungen. Am Bonner Dogmatiker Hermes entzündete sich der Streit. Rom setzte seine Schriften auf den Index, die preußische Regierung aber stellte sich hinter ihn und seine Schüler. Der Streit eskalierte, als Clemens August

Droste zu Vischering Erzbischof von Köln wurde. Er ging scharf gegen die „Ketzerei“ der Hermesianer vor. Angesichts solcher „Insubordination“ ließ die preußische Regierung ihn 1837 verhaften und auf die Festung Minden bringen. In Bonn und Köln kam es zu Tumulten. Erst mit dem Regierungsantritt Friedrich Wilhelms IV. wurde die Lage entschärft. Die neue Freizügigkeit hatte Auswirkungen auch für die Bonner Universität. Arndt wurde rehabilitiert und zum Rektor gewählt (sein Denkmal steht auf dem Alten Zoll, sein Wohnhaus an der Adenauerallee ist heute Museum).

Lehrstühle erhielten nach 1840 der Historiker Friedrich Christoph Dahlmann, einer der „Göttinger Sieben“, der Astronom Friedrich Wilhelm Argelander, der Mathematiker Julius Plücker und der Altphilologe Friedrich Wilhelm Ritschl. Der Germanist Karl Simrock, Sohn des Bonner Musikverlegers, sammelte Sagen und Volkslieder. Vor allem seine Bearbeitung des Nibelungenliedes hat dieses literarische Denkmal breiten Kreisen zugänglich gemacht. Immer wieder saßen – anders als heute – Professoren auch im Stadtrat, etwa der Historiker Heinrich von Sybel.

Karnevalstreiben und hohe Kunst

Das biedermeierliche Bürgertum zog sich unter dem Druck der politischen Restauration in die Salons und literarischen Vereinigungen zurück. Deftiger ging es im Karneval zu. Dessen Wurzeln reichen zwar bis weit ins Mittelalter zurück, nun aber wurde die „fünfte Jahreszeit“ institutionalisiert. 1824 begründeten Wäscherinnen im rechtsrheinischen Beuel die dortige Weiberfastnacht („Wieverfastelovend“). Auf einem Denkmal am Rheinufer ist die närrische Philosophie nachzulesen: „De Welt es e Lake, dat selvs de Beueler net wäsche könne.“ Das will was heißen, war Beuel doch für seine Wäschereien geradezu berühmt. 1826 wurde die Bönnsche Carnevals-Gesellschaft gegründet. Die Preußen aber verstanden keinen Spaß. Der König verbot 1828 Karnevalsfeiern als „nicht unbedenkliche Lustbarkeiten“. Das Verbot wurde erst

1842 unter seinem Nachfolger aufgehoben. Seither sind Regierungen und Regime gekommen und gegangen, der Karneval als genuiner Ausdruck rheinischer Lebensart aber ist geblieben.

Enthüllung des Beethovendenkmals
Das größte Ereignis jener Zeit in Bonn war die Errichtung des Beethovendenkmals. Bereits 1835 hatte sich ein Komitee unter Schlegels Präsidentschaft gebildet, um Mittel dafür zu beschaffen. 1839 gab Franz Liszt der wenig erfolgreich laufenden Kampagne neuen Schwung und stiftete aus eigener Schatulle 10 000 Francs. Die Enthüllung des Denkmals am 12. August 1845 geriet zu einem Skandal. Man hatte nicht bedacht, dass die hohen Gäste, König Friedrich Wilhelm IV. und Queen Victoria, auf dem Balkon des Palais Fürstenberg (der heutigen Hauptpost) auf der falschen Seite standen. „Ei, der kehrt uns ja den Rücken zu!“, rief der König. Alexander von Humboldt, der in der Nähe stand, soll das so kommentiert haben: „Ja, er ist schon zu Lebzeiten immer ein grober Kerl gewesen“.

Zehn Jahre nach diesem Ereignis wurde das Musikleben überschattet von der Erkrankung Robert Schumanns. Er verbrachte die letzten beiden Jahre bis zu seinem Tod 1856 in der Nervenheilanstalt in Endenich. Johannes Brahms hat ihn oft besucht. Freunde und Verehrer Schumanns haben für sein Grab auf dem Alten Friedhof ein eindrucksvolles Denkmal gestiftet (die ehemalige Heilanstalt ist heute Gedenkstätte).

Bonn in der Revolution von 1848/49

In den Märztagen 1848 springt der Funke der französischen Februarrevolution auf das Rheinland über. Nicht weniger als sieben Bonner Professoren werden in die Frankfurter Nationalversammlung gewählt, die sich am 18. Mai konstituiert – unter ihnen der Historiker Friedrich Christoph Dahlmann. Als Mitglied des liberalen rechten Zentrums gehört er zu den führenden Vertretern einer kleindeutschen Lösung. Wortführer der revolutionären Kräfte in Bonn wird Gottfried Kinkel, Dozent für Literatur- und Kunstgeschichte und blendender

12. August 1845: Einweihung des Beethovendenkmals auf dem Münsterplatz vor dem Palais Fürstenberg (heute Hauptpost).

Redner. Im August 1848 übernimmt er die Redaktion der im Mai gegründeten „Bonner Zeitung“.

Kinkel sieht in der materiellen und kulturellen Förderung der Handwerker und Arbeiter die beste Grundlage für die Ausbildung einer starken Demokratie, die sich gegen die „fünf Finger der Despotie, gegen Klerus, Adel, Geldsack, Militär und Bürokratie“, behaupten kann. Klassenkampf, wie ihn die von Karl Marx in Köln herausgegebene „Neue Rheinische Zeitung“ propagiert, lehnt Kinkel ab. Ende Mai gründet er in der Stadt einen Handwerkerbildungsverein. Sein engster Mitarbeiter in der Redaktion ist der Student Carl Schurz. Gemeinsam gründen sie den Bonner Demokratischen Verein, dessen politisches Ziel Volkssouveränität und deutsche Einheit sind. Einen schweren Rückschlag erleidet die Revolution, als Ende

Oktober das aufständische Wien von kaiserlichen Truppen eingenommen wird und auch in Preußen die konterrevolutionären Kräfte sich formieren. Nach seiner Wahl zum Abgeordneten der Zweiten Kammer in Berlin im Februar 1849 übernimmt Schurz die Parteigeschäfte und die Leitung des in „Neue Bonner Zeitung“ umbenannten Blattes. Die Redaktion müsse, schreibt er an Kinkel, ihre „Stärke darin suchen, dass wir alle Tatsachen und Verhältnisse von einem konsequent beibehaltenen Parteistandpunkt aus betrachten“.

Kinkel und Schurz schließen sich im Mai 1849 den pfälzischen Aufständischen an und beteiligen sich an den Kämpfen für die Reichsverfassung. Die Leitung der Zeitung übernimmt Kinkels Frau Johanna, eine bekannte Schriftstellerin und Komponistin ihrer Zeit. Ein amtlicher Bericht bezeichnet das Blatt als „social-demokratisch“. Gottfried Kinkel gerät in Baden in preußische Gefangenschaft und wird zu einer Zuchthausstrafe verurteilt, die er in Spandau absitzt. 1850 gelingt es Schurz, ihn zu befreien. Die Kinkels emigrieren nach London, Schurz wandert in die USA aus und macht als Parteigänger von Abraham Lincoln Karriere. Er wird General der Nordstaatenarmee, Senator von Missouri und 1877 Innenminister der Vereinigten Staaten. 1906 ist der wohl bekannteste Repräsentant der Deutschamerikaner in New York gestorben. Im Bonner Ortsteil Oberkassel erinnert ein Denkmal an den politischen Feuerkopf Kinkel, in Erftstadt-Liblar ein Denkmal an Schurz.

Die Stadt wird saniert

Das Scheitern der Revolution von 1848/49 bedeutet für die innere Entwicklung der Stadt Bonn keine scharfe Zäsur. Die wirtschaftlichen Grundlagen haben sich nicht wesentlich geändert. Gewerbe und Handel sind die festen Größen. Die gewerblich-kaufmännisch Tätigen bilden die größte Gruppe in der Bevölkerung. Als konsumtiver Faktor aber gewinnt neben Universität und Garnison in der zweiten Hälfte des 19. Jahrhunderts vor allem die zahlenmäßig zwar nicht große, aber wohlhabende Gruppe der Rentiers und Pensionäre stark an

Bedeutung. Sie bringen Bonn später den Ruf ein, eine reiche Stadt zu sein.

Die Masse der Bürger war weiterhin vom Wahlrecht ausgeschlossen, da diescs an ein Mindesteinkommen von 250 Talern gekoppelt wurde (Zensus) und je nach Steuerleistung abgestuft war (Dreiklassenwahlrecht). So durften in Bonn nur 911 der damals etwa 20 000 Einwohner wählen, und die kleine Schicht der wohlhabenden Bürger hatte ebenso viele Sitze in der Stadtverordnetenversammlung wie die rein zahlenmäßig viel stärkeren Klassen darunter. Das spiegelte sich in der Zusammensetzung des Stadtrates wider. Bei den nicht vom Zensus eingeschränkten Landtagswahlen konnten in Bonn etwa 3100 Bürger teilnehmen. Zwei große politische Lager, die Liberalen und die Katholiken, gingen dabei in Bonn abwechselnd als Sieger hervor. Auch die „soziale Bewegung" fasste Fuß. Doch die Versammlungen der fünf Gewerkschaften, die sich bildeten, waren nur schwach besucht.

Mit Leopold Kaufmann, Sohn einer bekannten Bonner Familie, leitete ein fähiger Oberbürgermeister die Geschicke der Stadt von 1851 bis 1875, also über die Zeit der Reichsgründung hinweg. Es waren vor allem städtebauliche Maßnahmen, die Kaufmann in Angriff nahm. Das führte dazu, dass sich trotz steigender Einnahmen die Schulden der Stadt vervielfachten, aber es gab keine Alternative. Es musste dringend saniert werden. Die Rheinfront, die damals hässlichste Seite Bonns, wurde als erstes in Angriff genommen.

Traurige Zustände

Der Bonner Arzt Carl Wilhelm Wutzer hat 1858 einen aufrüttelnden Bericht darüber geschrieben: „Gerade der an den herrlichen Strom grenzende Teil der Nordseite ist zugleich der verwahrloseste der Stadt. Hier wohnt das Proletariat vorzugsweise in schlecht gelüfteten, niedrigen, engen oder feuchten Zimmern, die oft mit den Eltern und Kindern, die hier in bunter Gemeinschaft leben, zugleich überfüllt sind ... Ich habe dort Zimmer gefunden, deren beweglicher Inhalt sich beschränkte auf einen hölzernen Schemel, eine Schütte Stroh zum Ruhebette und einen Kaffeetopf. Mann und Frau bedeckten sich nachts mit den am Tage getragenen Kleidern."

Diese Wohngegend war eine Brutstätte für Typhus und andere Krankheiten. Der Bau des städtischen Kanalnetzes dauerte zehn Jahre. Dabei wurde auch das „Schwarzwasser" (heute Kaiserplatz) unterirdisch abgeleitet. Doch noch 1880 waren erst zehn Prozent der Häuser an die Kanalisation angeschlossen. Schneller ging es bei der Neupflasterung der Straßen und der Einführung der Gaslaternen. Auch die Rheinpromenade wurde angelegt und mit Ulmen bepflanzt. Ein frühes Beispiel für Denkmalschutz war die Übertragung der Kapelle der aufgelassenen Deutschordenskommende in Ramersdorf auf den Alten Friedhof in Bonn. Öffentliche Bauten entstanden, so das neue Landgericht in der Wilhelmstraße und ein Hospital für Geisteskranke. Das Armenwesen wurde neu geordnet. Kaufmann hatte ein Herz für die „kleinen Leute". Außer der Fayence-Fabrik von Franz Anton Mehlem gab es in den zwei Jahrzehnten vor der Reichsgründung keinen Großbetrieb in Bonn. Oberbürgermeister Kaufmann nennt 1867 die Gründe dafür: „Unsere Stadt ist mehr darauf angewiesen, in dem weit verbreiteten Rufe unserer Hochschule und in den verschiedenen Annehmlichkeiten des Lebens, welche die reizvolle Lage und die geistigen Genüsse der Kunst und Wissenschaft bieten, die Quellen ihres Wohlstandes zu finden und zu pflegen als in der Entwicklung einer großartigen industriellen Tätigkeit."

Ganz anders sah es auf dem rechten Rheinufer aus. In Ramersdorf entstand 1856 eine Zementfabrik, in der 200 Arbeiter beschäftigt waren und die sich später zu einem der bedeutenden Unternehmen im Bonner Raum entwickelte. Die in Beuel errichtete Rheinische Jutespinnerei gab 450 Menschen Arbeit und Brot. Sie war die erste Fabrik dieser Art in Deutschland. Nicht nur für diese Betriebe bedeutsam war der Bau der rechtsrheinischen Eisenbahnstrecke, die Beuel mit Siegburg und Köln verbindet. 1870 wurde eine Eisenbahnfähre über den Rhein eingerichtet, die bis 1914 zwischen der Gronau und Oberkassel verkehrte. Die schon 1844 eröffnete linksrheinische Eisenbahnstrecke von Köln nach Bonn wurde zunächst bis Rolandseck, 1858 bis Koblenz verlängert. Bis zur Reichsgründung war Bonn durch die links- und rechtsrheinische Strecke an das europäische Eisenbahnnetz angeschlos-

Die 1868 gegründete Rheinische Jutespinnerei in Beuel, ältestes und größtes Unternehmen dieser Art im Rheinland. – Ansicht um 1910.

sen. Zunächst aber bereitete die Weiterführung der Trasse vom Bahnhof an der Poppelsdorfer Allee nach Süden Schwierigkeiten. Vor allem die Querung der Poppelsdorfer Allee rief Proteste hervor. Doch ein Absenken des Bahnkörpers kam nicht in Frage. Friedrich Wilhelm IV. griff höchstpersönlich ein und beauftragte den Generaldirektor der königlichen Gärten, Peter Joseph Lenné, mit dem Projekt.

Bonn in der Kaiserzeit

Im Schatten des Kulturkampfes

Die Gründung des deutschen Kaiserreiches 1871 markiert den Beginn einer neuen Epoche in der deutschen Geschichte. Die wirtschaftliche Dynamik, die nun einsetzte, veränderte das Erscheinungsbild des Landes und die Lebensverhältnisse der Menschen in wenigen Jahrzehnten. Die Industrialisierung großer Räume und die Urbanisierung der Städte gingen mit Riesenschritten voran. Die Rheinlande sind ein markantes Beispiel dafür.

Etwa zeitgleich mit der Reichsgründung begann aber auch der Kampf des Reichs unter Bismarcks Führung gegen die katholische Kirche und die politisch-parlamentarische Vertretung der Katholiken. Im Rheinland nahm der Kulturkampf besonders scharfe Formen an. Die großdeutsch eingestellten Katholiken sahen in der preußischen Politik spätestens seit 1866 den Bruch des von Friedrich Wilhelm IV. eingeleiteten staatlich-kirchlichen Ausgleichs. 1870 wurde die Zentrumspartei als Ausdruck des konfessionellen Selbstbehauptungswillens gegründet. Dann ging es Schlag auf Schlag: Katholische Geistliche wurden aus der Schulaufsicht verbannt, in das Strafgesetzbuch wurde der „Kanzelparagraph" aufgenommen, das Jesuitengesetz verbot Niederlassungen des Ordens auf deutschem Boden. 1872 verließen die Jesuiten Bonn.

Höhepunkt des Kulturkampfes waren die Mai-Gesetze von 1873, die tief in kirchliche Belange eingriffen. Hinzu kam der innerkirchlich aufgebrochene Streit. Drei der vier Ordinarien der Katholisch-Theologischen Fakultät der Bonner Universität verweigerten die Anerkennung des auf dem Ersten Vatikanischen Konzil verkündeten Dogmas über die Unfehlbarkeit. Die drei wurden exkommuniziert, blieben aber als Staatsbeamte auf ihren Lehrstühlen. 1873 bildete sich die Alt-

Katholische Kirche, die von Rom abgespalten ist. Bonn wurde Sitz ihres Bischofs für das gesamte Deutsche Reich (und später für die Bundesrepublik). Joseph Hubert Reinkens war der erste, der dieses Amt bekleidete.

Ein prominentes „politisches Opfer“ forderte der Kulturkampf auch in Bonn: 1875 endete Leopold Kaufmanns zweite Amtsperiode als Oberbürgermeister. Der katholisch-konservative, doch staatstreue Mann wurde einstimmig für eine weitere Periode wiedergewählt. Diese Wiederwahl aber wurde vom preußischen König nicht bestätigt. Doch alle Gesetze und Schikanen konnten den kirchlichen Widerstand nicht brechen. Sie schweißten die Katholiken auch politisch fest zusammen. 1872 gründete der Verleger Peter Hauptmann in Bonn die „Deutsche Reichs-Zeitung“, die sich als „Organ für das katholische deutsche Volk“ sah und überregionale Bedeutung gewann. Der Regierung war sie ein Dorn im Auge.

Katholikentag

1881 wurde die „28. Generalversammlung der Katholiken Deutschlands“ zur machtvollen Demonstration. In einem zeitgenössischen Bericht heißt es: „Bonn hatte ein überaus reiches Festgewand angelegt. Von allen Häusern flatterten deutsche, preußische und päpstliche Fahnen. Duftiges Grün, Kränze und Girlanden zogen sich die Straßenfluchten entlang. Über diese echt rheinische Festpracht blaute ein unvergleichlich schöner Sommerhimmel und vergoldete das Fest mit einer Art überirdischen Zaubers.“ Ein weiterer Katholikentag in Bonn fand 1900 statt.

In der Kaiserzeit vertraten ausschließlich Mitglieder der Zentrumspartei den Wahlkreis Bonn-Rheinbach im Preußischen Abgeordnetenhaus. Die starke konfessionelle Basis in den Landgemeinden gab bei den überregionalen Wahlen den Ausschlag. In der Stadt wählten die beiden oberen Steuerklassen liberale, die dritte Klasse katholische Kandidaten. Die katholische Kirche war mit ihren Einrichtungen stark in der Kranken-, Armen- und Jugendfürsorge verankert und über den ‚Kolpingbund‘ auch unter den Handwerkern. Am Wittelsbacher-Ring errichtete der Borromäus-Verein ein repräsentatives Gebäude. 1892 wurde an der Koblenzer Straße (heute Adenauerallee) das „Collegium Albertinum“ als Priesterseminar der Erzdiözese Köln errichtet. Der Bau im Stil der Backsteingotik ist bis heute ein markanter Punkt an der Rheinfront.

Blüte der evangelischen Gemeinde

In der zweiten Hälfte des 19. Jahrhunderts blühte vor allem die hier erst 1816 gegründete preußisch-unierte evangelische Gemeinde auf (vorher hatte es nur die in Oberkassel gegeben). Ende der vierziger Jahre hatte die Gemeinde 2000 Mitglieder, doch nach 1850 wuchs sie im Verhältnis schneller als die gesamte Einwohnerschaft (bis 1870 hatte sie sich verdoppelt). Wie leistungsfähig die evangelischen Mitbürger waren, zeigte sich daran, dass sie, gemessen an ihrer Zahl, den doppelten Anteil der städtischen Einkommensteuer aufbrachten und den bis dahin teuersten Bau der Stadt, die Kreuzkirche am Kaiserplatz, aus eigenen Mitteln finanzierten. Sie wurde 1871 eingeweiht.

Die seit Jahrhunderten in Bonn ansässige jüdische Gemeinde konnte 1879 ihre neue Synagoge am Rheinufer einweihen. Zur Gemeinde gehörten viele wohlhabende Bürger der Stadt, Händler, Bankiers, Juweliere und Handwerker. Dass die Bonner Oberschicht ihre jüdischen Mitbürger als völlig gleichberechtigt ansah, beweist unter anderem die Wahl von Juden in den Stadtrat.

Der Geograph Alfred Philippson (1864–1953) schrieb über seine Zeit in Bonn: „Ich habe als Jude während meiner Schulzeit keine Zurücksetzung weder von Lehrern noch von Schülern erfahren, wie überhaupt aktiver Antisemitismus damals dort unbekannt war, und die einheimischen Juden, auch später noch, mit den Katholiken auf gleichem Fuß verkehrten und in viele Vereine aufgenommen wurden. Mischehen waren im Rheinland recht häufig, waren es auch schon seit Anfang des 19. Jahrhunderts gewesen, so dass mancher keine Ahnung davon hatte, dass er eine jüdische Großmutter oder Urgroßmutter besaß, als diese Frage aktuell wurde ...“

Der Boom der Gründerzeit

Für viele Städte setzte nach der Reichsgründung ein starker Entwicklungsschub ein. Bemerkenswert ist, dass sich dies im Rahmen der alten Kommunalverfassung vollzog, denn die Rheinische Städteordnung und das Gesetz betreffend die Gemeindeverfassung in der Rheinprovinz, beide von 1856, galten bis zum Ende der Monarchie und noch darüber hinaus. Auch das Dreiklassenwahlrecht blieb bis 1919 unverändert.

Die Verwaltungskosten der Stadt Bonn waren – im Vergleich zu späteren Zeiten – sehr gering. Wie kompakt die Verwaltung der Stadt 1871 war, zeigte ein Vergleich mit dem Jahr 1914. In diesem Zeitraum waren die Personalkosten von insgesamt 103 000 Mark auf 3,24 Millionen Mark gestiegen, die Zahl der Einwohner aber nur von 26 000 auf 91 000. Für den starken Anstieg war nicht nur die Aufstockung in der allgemeinen Verwaltung verantwortlich, sondern auch die Gründung oder Übernahme von Wirtschaftsbetrieben durch die Kommune.

In den siebziger Jahren übernahm die Stadt die Gasversorgung in eigene Regie. 1889 wurde der städtische Schlachthof errichtet und damit die privaten Schlachthäuser, ein dauerndes Ärgernis, still gelegt. Obwohl beide Betriebe profitabel arbeiteten, zögerten die Stadtväter zunächst bei weiteren Projekten. So blieb das Wasserwerk in Hand einer privaten Gesellschaft, ebenso die 1891 eröffnete innerstädtische Pferdebahn und die Dampfstraßenbahn nach Godesberg. Erst unter Oberbürgermeister Wilhelm Spiritus – er amtierte von 1891 bis 1919 – änderte sich die Einstellung der Verwaltung von Grund auf. Die Stadt übernahm nun das Wasserwerk, die Straßenreinigung und die Müllabfuhr. Einstimmig fasste der Rat 1898 den Beschluss, ein städtisches Elektrizitätswerk bauen zu lassen. Dies war schon deshalb nötig, weil die Stadt um die Jahrhundertwende auch den öffentlichen Nahverkehr in ihre eigene Hand nahm. Sie arrangierte sich dabei mit den umliegenden Kommunen.

Elektrisch betriebene Straßenbahnen verkehrten noch vor dem Ersten Weltkrieg zwischen Bonn und Godesberg, Siegburg und Königswinter (1925 bis Honnef). Zunächst wurde 1895 die Köln-Bonner-Eisenbahn-Gesellschaft gegründet, an der neben den Städten Köln und Bonn sowie den Landkreisen auch privates Kapital beteiligt war. Die so genannte KBE betrieb seit 1898 die Vorgebirgsbahn mit Dampflokomotiven (im Volksmund „Feuriger Elias" genannt) und seit 1906 die elektrische Rheinuferbahn. Da solche Bahnen als wichtiges Instrument für die räumliche Entwicklung gesehen wurden, rechtfertigte das hohe Investitionen. Mehr als drei Millionen Mark kostete allein der Kauf der innerstädtischen Straßenbahnlinie, die auf elektrischen Betrieb umgestellt wurde und den Bonner mit dem Beueler Bahnhof verband. Die Bahn rollte über die neue Rheinbrücke, für deren Bau die Stadt eine Anleihe von vier Millionen Mark aufnehmen musste. Die Eröffnung der Rheinbrücke 1898 war das spektakulärste Ereignis vor der Jahrhundertwende. Bis zu diesem Zeitpunkt hatten nur Fähren die Verbindung zum anderen Ufer hergestellt. Passanten mussten einen Brückenzoll entrichten, der für Kraftfahrzeuge erst 1927 entfiel.

Bonn ist vor 1870 keine Industriestadt und wird es auch nachher nicht. Kleinbetriebe dominieren. Erst 1890 erreicht die Hochindustrialisierungswelle, wenn auch abgeschwächt, die Universitätsstadt und ihr Umland. Das Kleingewerbe bleibt ein wichtiger Faktor in Bonn. Die Zahl der Arbeiter steigt von 700 (1882) auf mehr als 4000 (1898); nach den Eingemeindungen des Jahres 1904 sind es rund 7000. Neben den bisherigen „politischen Lagern" fasst nun auch die Sozialdemokratie Fuß in Bonn. Im Januar 1890 findet in der Gaststätte „Zur Eintracht" in der Sandkaule die erste öffentliche Wahlversammlung statt, auf der Arbeiterführer Adolf Hofrichter vor 500 Zuhörern spricht. Bei den Reichstagswahlen im Februar erhält August Bebel in Bonn 12,8 Prozent der Stimmen. Im Stadtrat sind die Sozialdemokraten nicht vertreten. Das verhindert das bis 1919 geltende Dreiklassenwahlrecht.

Dominanz der Kleinbetriebe

Die größten Unternehmen in Bonn mit tausend und mehr Beschäftigten sind um diese Zeit die 1755 gegründete Steingutfabrik Ludwig Wessel und die Schreibwarenfabrik Soennecken, beide in Poppelsdorf, sowie die Steingutfabrik F. A. Mehlem. Grundstoff- und Schwerindustrie siedelt sich nicht an. Unternehmer klagen über die Verwaltung, die „belästigende Anlagen“ von der Stadt fernhalten möchte. Insgesamt gibt es 24 Unternehmen mit mehr als 50 Beschäftigten, darunter die Bonner Fahnenfabrik, den Orgelbauer Klais, die Kaffeerösterei A. Zuntz sel.Witwe; die 1725 gegründete Zeitungsdruckerei Hermann Neusser (seit 1889 erscheint im Verlag der „General-Anzeiger“) und die Buchdruckerei Carthaus. Auf dem Textilsektor zählt die Jutespinnerei in Kessenich mit 400 Arbeitern zu den größten Unternehmen; die Rheinischen Elektro-Stahlwerke beschäftigen 300 Arbeiter. Der Anteil der Frauen in der Arbeiterschaft beträgt 20 Prozent, der der Jugendlichen etwa 10 Prozent.

Um die Jahrhundertwende sind in der Landwirtschaft etwa 1900, in Bergbau, Industrie und Gewerbe 18 000, in Handel und Verkehr 8600 Menschen beschäftigt. Drei Viertel ihrer Einnahmen bezieht die Stadt noch 1871 aus Personalsteuern. Die Lage ändert sich völlig, als der Staat Mitte der neunziger Jahre auf die Grund-, Gebäude- und Gewerbsteuer verzichtet (Miquelsche Finanzreform). Diese Steuern erhebt jetzt die Stadt bei ihren Bürgern, den Hausbesitzern und Gewerbetreibenden, denen sie die Infrastruktur zur Verfügung stellt. Da Bonn zudem die Bürger mit hohem Einkommen durch Senkung der kommunalen Zuschläge auf die Einkommensteuer entlastet, ist dies ein weiterer Anreiz für vermögende Leute, hierher zu ziehen. Um 1900 steht die Stadt beim Steueraufkommen an vierter Stelle in Preußen. Der Charakter als „Luxusstadt“ spiegelt sich denn auch in der Zahl der Einzelhandelsgeschäfte. Wie eine Untersuchung für die Jahre 1908/09 zeigt, gibt es damals in der Innenstadt 177 Geschäfte für Lebens- und Genussmittel, überwiegend mit spezialisiertem Angebot, sowie 202 Geschäfte für Bekleidung, Schuhe und Lederwaren.

Stadtplanung und Bausünden

Schon vor der Reichsgründung haben zunehmend Rentiers von auswärts in Bonn Grund und Boden erworben. Und die

Stadtväter haben diesen Zuzug – Bonn wird darin um 1870 nur von Wiesbaden übertroffen – gerne gesehen.

Eine Bauordnung besitzt Bonn zwar seit 1846, doch erst entsprechende Gesetze in den siebziger Jahren ermöglichen eine systematische Planung. Großflächige Stadtplanung aber gibt es in Bonn nicht. Und dennoch haben sich die Süd- und die Weststadt zu städtebaulich gelungenen Vierteln entwickelt – mit breiten, von Bäumen gesäumten Straßen und Häusern in den typischen verspielten Stilformen der wilhelminischen Zeit. Die Entstehung der Südstadt, die mehr als die anderen Viertel das neue Gesicht Bonns zeigt, hängt eng mit der sozialen Entwicklung der Stadt zusammen. Hier wohnt das gehobene Bürgertum, auch viele der Professoren der Universität. Am Rhein entlang werden großzügige Villen angelegt, deren bedeutendste die Villa Hammerschmidt und das Palais Schaumburg sind, beide von großbürgerlichen Bauherren errichtet. Der ärmliche Osten und die Elendsquartiere im

Reste der mittelalterlichen Stadtmauer an der Windmühlenstraße mit den angebauten Elendsquartieren, den „Bogenhäusern", südlich der heutigen Beethovenhalle. – Foto um 1890.

Norden der Stadt bedürfen hingegen der Sanierung durch die öffentliche Hand. Der Abbruch der Stadtmauer und die Beseitigung der Reste der Befestigungsanlagen ziehen sich bis in die neunziger Jahre hin. Hier im Norden, wo sich damals große Klinikbauten und auch das privat betriebene Theater befinden, verläuft die Stadterweiterung weniger aufwändig als in den anderen Teilen der Stadt.

Unter Oberbürgermeister Spiritus rückt das Problem der Stadterweiterung ins Zentrum des Interesses. Nun wird die breite, von der Baumschulallee ausgehende Ringstraße über die Viktoriabrücke konzipiert, die die Weststadt mit der äußeren Nordstadt bis zum Rhein verbindet; und die neue Verbindung nach Godesberg wird gebaut. Auch der Staat tritt in Bonn als Bauherr auf. Er lässt Universitätsinstitute und Kliniken, Kasernen, den Bahnhof (1885), das königliche Gymnasium, das Amtsgericht, die Post und das Oberbergamt errichten. Die Provinzialverwaltung baut das Provinzialmuseum (heute Rheinisches Landesmuseum). Zwölf Schulen lässt die Stadt errichten.

Der Bauboom hatte aber auch eine andere Seite: Vieles an historisch wertvoller Bausubstanz in Bonn fiel in diesen Jahren der Spitzhacke zum Opfer, weil es der Verkehrsplanung im Wege stand oder wenigstens damit begründet wurde. In der Altstadt kam es zu einem Kahlschlag, der mit den Folgen des Flächenbombardements im Zweiten Weltkrieg verglichen wird (Busso von der Dollen), während ein anderer Kenner feststellt, dass der Respekt vor alter Bausubstanz in Bonn seit jeher kleingeschrieben wurde – vielleicht infolge der totalen Zerstörung der Stadt im Jahre 1689 (Dietrich Höroldt). Abgerissen wurden alle barocken Adelspaläste bis auf den Boeselagerhof und das Palais Fürstenberg (heute Hauptpost), das Kapuziner- und Welschnonnenkloster, das ehemalige Jesuitengymnasium, die barocke Stiftskirche (1886 durch einen neugotischen Bau ersetzt). Mit dem Abriss der alten Windmühle am Rhein verschwand ein markanter Punkt der Stadtsilhouette. Die Bevölkerung nahm es hin, nur gegen den Abriss des Sterntors flammte breiter Protest auf, selbst Kaiser Wilhelm II. mischt sich ein, doch vergeblich. Als Rekonstruktion wurde später ein Teil des Tores nahe dem alten Standort errichtet.

Nach der Jahrhundertwende kam es aufgrund des Gesetzes gegen die „Verunstaltung von Ortschaften" zum Umdenken bei den Stadtoberen, doch der Kahlschlag konnte nicht mehr rückgängig gemacht werden. Immerhin ist Professor Paul Clemen, Begründer der rheinischen Denkmalpflege, später zum Ehrenbürger Bonns ernannt worden.

Noch weniger Interesse als an historischer Bausubstanz hatten die Stadtväter an Bildender Kunst. Als Franz Obernier, Professor der Medizin, 1882 sein Haus und seine Sammlungen der „geliebten Vaterstadt" vermacht, wird zwar die Villa als Museum eröffnet, aber dann tut sich lange nichts. Von der jungen Kunstszene, die sich im Ortsteil Graurheindorf etabliert hat, nimmt man kaum Notiz. Doch 1913 schreckt ein Ereignis die betuliche Bürgerschaft auf: Die Ausstellung „Rheinische Expressionisten" zeigt Werke einer Gruppe, die sich um den Bonner August Macke scharen. Zu diesen 15 Malern gehörten Max Ernst, Heinrich Campendonk und Heinrich Nauen. Ihre Bilder bieten einen faszinierenden Blick in die Moderne, doch bleibt die Werkschau Episode.

Seinen Anspruch, Musikstadt zu sein, kann Bonn auch im Kaiserreich glänzend verteidigen. Bereits das zweite Beethovenfest 1871 wird vor allem wegen der Teilnahme des Geigers Joseph Joachim ein glänzender Erfolg. Zwei Musikfeste von überregionalem Rang sind 1873 und 1880 dem in Bonn verstorbenen Komponisten Robert Schumann gewidmet, das zweite davon anlässlich der Enthüllung des Grabdenkmals für ihn. An beiden Festen wirken Clara Schumann und Johannes Brahms mit. Ein Fest gestaltet 1885 der Bonner Musikdirektor Leonard Wolff zusammen mit dem Komponisten Max Bruch. Joseph Joachim, der spätere Ehrenbürger der Stadt, ist Mitbegründer des „Vereins Beethovenhaus", der von 1890 an Kammermusikfeste veranstaltet. An den Konzerten, die der Aufführungspraxis in Deutschland neue Impulse geben, wirken bekannte Künstler mit wie die aus Bonn gebürtige Pianistin Elly Ney, Max Reger und einer der faszinierendsten Virtuosen seiner Zeit, der Geiger Pablo de Sarasate. Er gibt 1892 ein Konzert zugunsten des Beethovenhauses. Seit 1907 hat Bonn auch ein eigenes städtisches Orchester.

Ein Muss für Touristen: Beethovens Geburtshaus in der Bonngasse. Nebenan befindet sich heute ein Kammermusiksaal.

Aufschwung in Bad Godesberg und Beuel

Nach Einführung der neuen Kreisordnung in den westlichen Provinzen Preußens wurde Bonn, das damals 37 000 Einwohner hatte, 1887 kreisfrei. Die Stadt war dank ihrer guten finanziellen Lage und der leistungsfähigen kommunalen Einrichtungen für diesen Schritt gerüstet. Die kreisfreie Stellung

Bonns führte aber nicht dazu, dass die umliegenden Orte von der Entwicklung abgekoppelt wurden. Auch Poppelsdorf, Beuel und vor allem Godesberg nahmen einen stetigen Aufschwung und hatten um 1900 städtischen Charakter. Die Regierung bewies bei der Auswahl der Bürgermeister eine gute Hand. Es waren in Verwaltungsfragen erfahrene und tüchtige Männer: Wilhelm Bennauer in Poppelsdorf (1876–1903), Anton Dengler in Godesberg (1888–1914) und Friedrich Breuer im rechtsrheinischen Vilich (1891–1919).

Godesberg hat es Bürgermeister Dengler zu verdanken, dass es zu einem ansehnlichen Badeort wurde. Da die Kommune sich nur nach Osten, zum Rhein hin, räumlich entwickeln konnte, wurde sie 1899 durch königlichen Erlass mit den Ortschaften Plittersdorf und Rüngsdorf vereinigt. Hier entstand – der Bonner Südstadt vergleichbar – ein Villenviertel mit baumbestandenen Straßen und Vorgärten. 1910 hatte Godesberg bereits 20 000 Einwohner.

Industrieansiedlung gab es nur im südlich gelegenen Mehlem: Dort ließen sich die Ringsdorff-Werke nieder, die sich zu einem führenden Unternehmen in der Kohlenstoff- und Graphittechnologie entwickelten. Der Bürgermeister aber rühmte sich, „dem Erholung- und Ruhesuchenden statt des Gewirres rauchender Schornsteine den frischen grünen Wald, statt Kohlenstaubs die nervenstärkende Rheinluft, statt des Lärmens polternder Lastwagen die Ruhe zufriedener Spaziergänger und statt der ausgedehnten Geschäftshäuser ein hübsches Landhaus im Garten bieten zu können, das er sich nach seinem persönlichen Geschmack einrichten kann.“ Nach diesem Prinzip entstanden in Godesberg das Kurhaus und die Rheinpromenade, prächtige Hotels und eine Reihe eindrucksvoller Privatbauten wie die Schlösser Deichmannsaue und Carstanjen. Das Wahrzeichen, die Ruine der Godesburg, deren Erhalt große Summen verschlang, erhielt die Stadt 1891 von Kaiser Wilhelm II. zum Geschenk – als unveräußerliches Eigentum. 1896 wurde eine Burggaststätte eröffnet. Mit dem studentischen Leben verbunden ist das berühmte Godesberger Lokal „Zur Lindenwirtin“. Aennchen Schumacher leitete die elterliche Gastwirtschaft von 1878 an und machte sie zum

Sie prägten die städtische Entwicklung in der späten Kaiserzeit:
Peter Wilhelm Bennauer, Bürgermeister von Poppelsdorf (1876–1903), Anton Dengler, Bürgermeister von Godesberg (1888–1914), Friedrich Breuer, Bürgermeister von Vilich (1891–1919), Wilhelm Spiritus, Oberbürgermeister von Bonn (1891–1919).

geselligen Mittelpunkt. Das Kommers-Liederbuch, das sie herausgab, ist ein wichtiger Beitrag zur Pflege studentischen Brauchtums. Das alte Gasthaus „Zur Lindenwirtin" wurde 1971 abgerissen und einige Meter entfernt wieder aufgebaut.

Auf der anderen Rheinseite, dem Gebiet der Bürgermeisterei Vilich, zu der ein Dutzend Ortschaften gehörten, entwickelte sich um die Jahrhundertwende ein kompakter Industriestandort. Das zeigt sich auch am Bevölkerungsanstieg von 6500 (1871) auf 16 000 Einwohner (1910). Fast die Hälfte davon lebten in Beuel und Combahn. Die beiden Ortschaften wuchsen zum neuen städtischen Kern der Gesamtgemeinde zusammen. Zügig wurde unter Bürgermeister Breuer die Infrastruktur ausgebaut und die Abgrenzung von Gewerbe- und Wohngebiet festgelegt. Dieses entstand vor allem zwischen Bahnstrecke und Rhein.

Östlich des Beueler Bahnhofs siedelten sich bis zur Jahrhundertwende mehr als 30 Betriebe der Baustoff- und chemischen Industrie an, bis 1914 kamen weitere 20 aus anderen Branchen dazu. Größtes Unternehmen war die 1887 gegründete Westdeutsche Jutespinnerei und -weberei, in der 1200 Arbeiter beschäftigt waren, auch Ausländer, vor allem Italiener. Typisch für Beuel waren die Wäschereien, in denen immerhin zehn Prozent der Bevölkerung Arbeit fanden. Große Bedeutung vor allem für das benachbarte Oberkassel, hatte der Basaltabbau. Das Material wurde, zu Schotter und Splitt verarbeitet, per Bahn und Schiff abtransportiert.

Die Gemeindezusammenlegung von 1904

Ein entscheidender Schritt für die künftige Entwicklung Bonns war die Eingemeindung der bereits zu Vororten entwickelten ehemaligen Dörfer im Westen und Süden. Anläufe dazu, vor allem aus Poppelsdorf, gab es seit den siebziger Jahren. Lange hatte die Stadt wegen der hohen Kosten gezögert, dann mauerte der Landkreis wegen des zu erwartenden Steuerausfalls. Nach langwierigen Verhandlungen war es soweit: Mit dem Gesetz vom 1. Juni 1904 wurden Endenich, Poppelsdorf, Kessenich und Dottendorf mit Bonn vereinigt. Das Stadtgebiet hat sich damit fast verdoppelt. Die Zahl der Einwohner stieg von 56 000 auf 78 000. Aus den restlichen, nicht eingemeindeten

Ortschaften der Bürgermeisterei Poppelsdorf wurde die Bürgermeisterei Duisdorf gebildet, die stattliche Ausgleichszahlungen erhielt. Um die fälligen Kosten für Kanalisation und Straßenbau in den neuen Vororten zu decken, nahm die Stadt eine Anleihe von zweieinhalb Millionen Mark auf.

Erste Hälfte des 20. Jahrhunderts

Krieg, Hunger und Separatismus

Mit dem Ausbruch des Ersten Weltkrieges geht eine lange friedliche Periode zu Ende, in der die Stadt größer, reicher und urbaner geworden ist. Bonn hat in den folgenden Jahrzehnten nicht mehr zu jener Aufbruchstimmung der wilhelminischen Epoche – zumindest der letzten 25 Jahre – zurückgefunden. Fast 25 000 Personen aus Bonn und den umliegenden Gemeinden leisten Kriegsdienst. Während Väter und Söhne an der Front kämpfen, sind Tausende von Familien auf die öffentliche Fürsorge und private Spenden angewiesen. In Krankenhäusern, Kirchen und Schulen sind Reservelazarette eingerichtet, in denen 67 000 Verwundete medizinisch versorgt und gepflegt werden. Fast 2000 Soldaten aus Bonn sind in diesem Krieg gefallen, auch der Maler August Macke. Unter der Zivilbevölkerung fordern Unterernährung und Krankheiten viele Opfer. Die Zahl der Geburten geht drastisch zurück. Lebensmittel sind rationiert und werden zugeteilt. In der zweiten Kriegshälfte aber wird die Versorgung mit Nahrungsmitteln, Brennstoffen und anderen lebenswichtigen Gütern zum alles beherrschenden Thema. In der Stadt werden Kartoffelfelder angelegt, die Hofgartenwiese dient als Futterwiese für die Kühe der „städtischen Abmelkställe". 26 Zivilisten werden noch in den letzten Kriegstagen bei einem Fliegerangriff auf die Innenstadt getötet, viele weitere verletzt.

Am 9. November 1918 dankt Kaiser Wilhelm II. ab, in Berlin wird die Republik ausgerufen. Die zahlenmäßige Stärke der englischen Besatzungstruppen, die nach Abzug der deutschen Soldaten in Bonn einrücken, ist dreimal so hoch wie die der früheren Garnison. Sie quartieren sich auch in Schulen, Krankenhäusern und anderen öffentlichen Gebäuden ein. Doch am Markt gibt es wieder lange vermisste Dinge: Speck, Butter, Seife, Schokolade.

In Köln beraten Abgeordnete aller rheinischen Parteien auf Einladung von Oberbürgermeister Konrad Adenauer über die Loslösung der Rheinlande aus dem preußischen Staat und die Gründung einer „Rheinischen Republik“. Wie labil die Verhältnisse im Land sind, zeigt der Umsturzversuch reaktionärer Kräfte, der „Kapp-Putsch“.

Anfang 1920 kommen die Franzosen nach Bonn. Als sie 1923 das Ruhrgebiet besetzen und die Bevölkerung im Rheinland und in Westfalen darauf in den passiven Widerstand geht, reagieren die Besatzer hart: Bonns Oberbürgermeister Johannes Falk, fünf Beigeordnete und mehrere angesehene Bürger werden inhaftiert und später ausgewiesen. Der passive Widerstand wird abgebrochen. Die Situation ist dramatisch: Wirtschaft und Verkehr sind zum Erliegen gekommen, die Inflation galoppiert, ein Drittel der Bonner Bevölkerung lebt von Unterstützung. Jetzt halten die Separatisten ihre Stunde für gekommen. Sie besetzen, unterstützt von den Franzosen, im Oktober 1924 die Rathäuser in Bonn, Godesberg und Beuel. Erst auf englischen und amerikanischen Druck ändert sich die Lage. Frankreich distanziert sich, und die Separatisten stehen ohne Unterstützung da. Nach der „Separatistenschlacht am Siebengebirge“ ist der Spuk im November zu Ende. Die Bindung der Rheinländer an das Reich ist stärker als die Abneigung gegen Preußen.

Inflation und Wirtschaftskrise

Die französische Besatzung bleibt noch bis Januar 1926 in der Stadt, die nun, verglichen mit der Zeit vor dem Krieg, einen heruntergekommenen Eindruck macht. Durch die Finanzreform von 1920 hat Bonn den Zugriff auf die wichtigste Quelle, die Einkommensteuer verloren. Grund- und Gewerbesteuer können das nicht ausgleichen. Die Inflation tilgt zwar fast alle Schulden der Stadt und kurbelt zudem den Fremdenverkehr an, doch zugleich ist das der Ruin für tausende Rentner, die nun auf die Fürsorge der Stadt angewiesen sind.

1924 wird das neue Handelswerft in Graurheindorf in

Betrieb genommen. Es soll die Ansiedlung von Industrie im Bonner Norden ankurbeln. Doch das Ergebnis erscheint bescheiden, sieht man von den späteren Vereinigten Leichtmetallwerken ab. Wichtig für Bonn ist der Bau der Großmarkthalle. Für den Nord-Süd-Verkehr wird 1927 eine Durchgangsstraße über Viktoriabrücke, Bonner Talweg und Reuterstraße geschaffen. Im selben Jahr wird ein regionales Großprojekt in Angriff genommen, der Bau der Autostraße Köln-Bonn, der ersten europäischen Autobahn (heute BAB 555). Sie wird am 6. August 1932 eröffnet. Die Stadt fördert vor allem den Wohnungsbau, doch wird 1925 auch das neue Stadthaus am Bottlerplatz fertiggestellt. Das wichtigste Projekt in der Innenstadt ist Ende der zwanziger Jahre die Erweiterung des Hauptgebäudes der Universität zur Stadtseite hin. Dabei werden die barocken Außenformen des ursprünglichen Schlosses aufgenommen, innen jedoch erhält der Bau eine zeitgemäße funktionelle Gestaltung.

Das kulturelle und gesellschaftliche Leben in Bonn erholt sich vor allem nach der Inflationszeit erstaunlich schnell. Zur zentralen Figur wird der Schriftsteller Wilhelm Schmidtbonn. Sein Roman „Der dreieckige Marktplatz“ (1935) ist eine Liebeserklärung an das Leben in Bonn während der Kaiserzeit.

Godesberg konzentriert sich auf den weiteren Ausbau als Kurort. Die kommunalen Leistungen und das Kulturangebot haben inzwischen städtisches Niveau erreicht. Die Gemeinde kann die Redoute und den dazugehörigen Park erwerben. Seit 1926 darf sich der Ort auch offiziell „Bad“ nennen. Nach der Eingemeindung von Mehlem und Lannesdorf erhält Bad Godesberg am 1. Juli 1935 das Stadtrecht. Die Grundstückspolitik der Kommune führt zu einer im Rheinland beispiellosen Neubautätigkeit. Es sind vor allem Industrielle aus dem Ruhrgebiet, die sich hier Villen errichten lassen.

Beuel hingegen setzt weiter auf Industrie. Zwar sind im und nach dem Krieg einige Firmen untergegangen, doch bis 1933 kommen nicht weniger als 21 neue Unternehmen in den Bereichen Chemie, Metall und Baustoffe hinzu. Das prägt auch das soziale Bild: In Beuel sind 40 Prozent der Bevölkerung Arbeiter, in Bonn nur jeder Vierte. Die Landwirtschaft tritt weiter in den Hintergrund, auch wenn 1929 immer noch mehr als die Hälfte des Stadtgebiets von 3120 Hektar land- und forstwirtschaftlich genutzte Fläche ist.

Der Konjunkturrückschlag macht sich in Bonn bereits 1929 bemerkbar. Erste Betriebe müssen schließen, weitere folgen. Obwohl Bonn aufgrund seiner mittleren Betriebsgrößen zunächst nicht mit solcher Wucht getroffen wird wie das Ruhrgebiet, sind in der Stadt Anfang 1933 mehr als 10 000 Menschen arbeitslos, jeder vierte Einwohner Bonns lebt von Unterstützung. Angesichts eines Schuldenbergs von 50 Millionen Mark, für den vier Millionen Mark an Zinsen und Tilgung aufzubringen sind, können selbst radikale Einsparungen in der Verwaltung nicht helfen. Stärker noch als Bonn trifft es den Industrieort Beuel.

Wie überall im Reich führt die tiefe Wirtschaftskrise zur politischen Radikalisierung. Die Universitätsstadt erlebt Schlägereien und Schießereien zwischen Nationalsozialisten und Kommunisten. Zwar bleibt die katholische Zentrumspartei bis 1933 die bestimmende politische Kraft in Bonn, doch bei den Kommunalwahlen von 1929 kann Adolf Hitlers Partei ihre Mandate verdoppeln. Vor allem Jungwähler, Studenten und kleine Gewerbetreibende geben den Nationalsozialisten ihre Stimme. Oberbürgermeister Falk resigniert. Zu seinem Nachfolger wird Frank Wilhelm Lürken gewählt. Bei den Landtagswahlen 1932 kann die NSDAP auf 24 Prozent zulegen; bei den Reichstagswahlen 1933 liegt ihr Stimmenanteil in Bonn bei 32 Prozent – noch immer weit unter dem Durchschnitt der Wahlergebnisse im Reich. Am 30. Januar 1933 ist Hitler am Ziel. Mit der Vereidigung seiner Regierung beginnt für Deutschland der Weg in die Diktatur.

Nazi-Diktatur und Widerstand

Schon die landesweite Verhaftungswelle und die allgemeine Einschüchterung nach dem Reichstagsbrand Ende Februar 1933 zeigt, wie die „Revolution“ der Nazis auf allen Ebenen begonnen hat. Zur „Machtergreifung“ in Bonn kommt es unmittelbar nach den Reichstagswahlen vom 5. März und den Kommunalwahlen vom 12. März. Der totalitäre Anspruch des neuen Systems zeigt sich nun in aller Deutlichkeit. Das Wahlergebnis – stimmenstärkste Partei ist wie auch in Godesberg und Beuel das Zentrum – spielt letztlich keine Rolle mehr. Oberbürgermeister Lürken muss einen „Urlaub“ antreten. Aus dem Amt entfernt wird auch der Godesberger Bürgermeister Josef Zander, der noch im Februar die Hakenkreuzfahne von der Godesburg herunterholen lässt (er wird 1945 von den Amerikanern wieder ins Amt eingesetzt). An der Spitze der Bonner Stadtverwaltung steht nun der nachträglich zum Oberbürgermeister „gewählte“ Diplomhandelslehrer Ludwig Rickert aus Beuel. Er entlässt sogleich nahezu alle leitenden Beamten der Stadt „wegen Misswirtschaft“. Parteigänger rücken in die wichtigen Positionen ein. Zugleich ziehen die Rollkommandos los, um Mitglieder der verbotenen Parteien und Gewerkschaften in „Schutzhaft“ zu nehmen. Zu den ersten Opfern gehört der Bonner KPD-Funktionär und Stadtverordnete Otto Renois, der nach seiner Verhaftung angeblich „auf der Flucht“ erschossen wird. Der aktive Widerstand von Christen konzentriert sich vor allem um Zentrumspolitiker und Persönlichkeiten der Katholischen Arbeiterbewegung. Wie stark der Widerstand ist, zeigen 400 Sondergerichtsverfahren im Bonner Raum.

An der Universität, die wie alle öffentlichen Organisationen und Institutionen „gleichgeschaltet“ wird, gibt es Parteigänger in der Studentenschaft und unter den Professoren – jeder Vierte war NS-Mitglied – und Mitläufer, aber auch eine schweigende Mehrheit und einige Männer des Widerstands. Insgesamt 34 Dozenten werden entlassen oder zur Emigration gezwungen, darunter der evangelische Theologe Karl Ludwig Schmidt und der Zahnmediziner Alfred Kantorowicz, beide früher SPD-Stadtverordnete in Bonn, sowie der Jurist Max Grünhut und der Kunsthistoriker Heinrich Lützeler. Als Thomas Mann 1936 die Ehrendoktorwürde aberkannt wird, sorgt dies weltweit für Aufsehen. Um den evangelischen Theologen Karl Barth, der sich weigert, die Hörer seiner Vorlesungen mit „Heil Hitler“ zu begrüßen und 1935 die Universität verlässt, schart sich eine Reihe mutiger Studenten. Der katholische Kirchenhistoriker Wilhelm Neuss verfasst 1934 illegal die Schrift „Studien zum Mythus des 20. Jahrhunderts“ gegen das ideologische Hauptwerk der NS-Bewegung.

Auf lokaler Ebene wollen die Machthaber vor allem den Einfluss der katholischen Kirche in der schulischen Erziehung und in der Jugendarbeit zurückdrängen. Nachdem der Versuch scheitert, die Gruppen des katholischen „Bundes Neudeutschland“ (ND) in Bonn – unter anderem am Beethovengymnasium und im Aloysiuskolleg – bei sich einzugliedern, beginnt der Terror gegen sie. Die konfessionellen Schulen sind den Nazis ein Dorn im Auge. Sie gehen – von den Volksschulen bis zu den Gymnasien – in städtische Hand über. Immer wieder gibt es auch in Bonn Versuche, den Klerus einzuschüchtern. Die kirchlich eingestellte Bevölkerung Bonns – und das war die Mehrheit – reagiert auf die offene Kampfansage durch Staat und Partei mit demonstrativer Nichtanpassung und zivilem Ungehorsam. In einem Lagebericht des Oberbürgermeisters an die Staatspolizei vom April 1935 heißt es: „Der manchmal etwas unklug geführte Kampf gegen die katholische Kirche hat ungeheure Erregung hervorgerufen. Die Art, wie der Kampf gegen das Judentum geführt wird, ruft nicht nur den Protest der nicht nationalsozialistischen Bevölkerungsteile hervor.“

Das Ende der Bonner Judengemeinde

Für die Juden in Bonn beginnt ihr Leidensweg nicht erst mit der „Machtergreifung“, schon vorher hat die Hetze gegen sie eingesetzt, auch an der Universität. Bereits im März 1933 werden jüdische Beamte, Richter und Professoren aus ihren Ämtern entfernt und zur Emigration gezwungen. 1935 entrechten die Nürnberger Rassegesetze die Juden. An den Ausschreitungen der „Reichskristallnacht“ im November 1938 beteiligen sich Bonner Bürger bis auf wenige Ausnahmen nicht. Es kommen auswärtige Schlägertrupps in die Stadt. Die Synagogen am Bonner Rheinufer, in Poppelsdorf, Godesberg, Mehlem und Beuel gehen in Flammen auf, und jüdische Geschäfte in der Innenstadt werden geplündert, das Eigentum „arisiert“. Einige Bonner Familien – wie die des Professors Paul Kahle, wagen es,

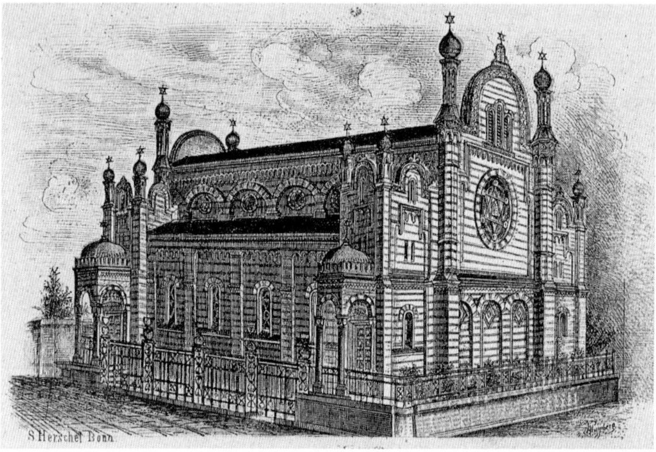

Die neue Synagoge in der Tempelstraße am Rhein wurde am 31. Januar 1879 eingeweiht. 1928 wurde sie umgebaut und von Grund auf renoviert. Am 10. November 1938 wurde sie wie die anderen Synagogen in Bonn vom Nazi-Mob zerstört.

den Opfern zu helfen. Von den 1268 Juden, die 1933 auf heutigem Stadtgebiet leben, sind 1939 nur mehr 679 übrig. Im Oktober 1941 wird den Juden die Emigration verboten. Die in Bonn geblieben sind, werden im zwangsweise geräumten Kloster „Zur ewigen Anbetung“ in Endenich „konzentriert“, von wo sie in den folgenden Monaten den Gang in die Vernichtungslager im Osten antreten. Felix Hausdorff, Professor für Mathematik, nimmt sich mit seiner Frau und seiner Schwägerin das Leben. Von den 474 Verschleppten haben nachweislich nur sieben überlebt. Das Ende der einst blühenden Bonner Judengemeinde gehört zu den dunkelsten Kapiteln der Stadtgeschichte.

Die Diktatur zeigte zumindest in den ersten Jahren zwei Gesichter: Masseninszenierungen und Propaganda verfehlten nicht ihre Wirkung. Auch die Kultur stand im Dienst der Ideologie. 1933 wurde das Arndt-Haus eröffnet, und 1934 das Zoologische Forschungsinstitut und Museum Alexander Koenig. Dessen Rohbau war schon 1914 fertig gestellt, doch Alexander Koenig, Sohn eines russischen Zuckermillionärs, verlor sein

Vermögen in der Inflation. Er stiftete das Museum dem Deutschen Reich und wurde zum Ehrenbürger Bonns ernannt.

Der wirtschaftliche Aufschwung, der sich zwar schon vor der „Machtübernahme“ abgezeichnet hatte, war jetzt mit Händen zu greifen: Die finanzielle Situation der Stadt Bonn bessert sich deutlich. Der Fremdenverkehr floriert. Die Maßnahmen zur Arbeitsbeschaffung gehören von Anfang an zum politischen Programm. In Bonn werden von 1933 bis 1935 die Kläranlage, der Rheinuferbahnhof und mehrere Behördenbauten errichtet sowie die Unterführung an der Poppelsdorfer Allee und die Überbrückung der Reuterstraße gebaut. Doch erst mit der Wiederaufrüstung und Remilitarisierung der Rheinlande 1936 nimmt die Arbeitslosigkeit im Bonner Raum rapide ab. Es sind vor allem Aufträge des Militärs, der Wehrmacht, die Arbeit schaffen. Die Bonner Garnison wird bedeutend erweitert, zwei Kasernen in Duisdorf und die Flak-Kaserne auf dem Venusberg gebaut.

1938 ist Bonn Schauplatz der großen Politik. Auf dem Höhepunkt der Sudetenkrise treffen sich Adolf Hitler und der britische Premierminister Arthur Neville Chamberlain vom 22. bis 24. September in Bad Godesberg. Hitler wohnt – wie schon mehrfach seit 1925 – im „Rheinhotel Dreesen“, Chamberlain und seine Begleiter auf dem Petersberg. Appeacement und Erpressung – die Konferenz endet mit einem Eklat. Wenige Tage später wird das „Münchner Abkommen“ unterzeichnet – die Sudetengebiete gehören nun zum Deutschen Reich.

Luftkrieg – Bonns Altstadt wird zerstört

Bei Ausbruch des Krieges ist in Bonn von patriotischer Begeisterung nichts zu spüren, auch wenn die Propaganda angesichts der militärischen Erfolge auf Hochtouren läuft. Ungeachtet des immer stärker fühlbaren Mangels – nicht nur an Kohlen, Obst und Gemüse – geht das kulturelle Leben in der Stadt mit Theateraufführungen, Ausstellungen und Konzerten weiter. Noch im Sommer 1944 finden die „Volkstümlichen

Beethovenfeste der Stadt Bonn“ statt. Doch längst bestimmt der Krieg den Alltag der Menschen. Es sind vor allem die Luftalarme mit Verdunkelung und Aufenthalt in den Luftschutzbunkern (rund tausend dieser Alarme gab es in Bonn mit einer Gesamtdauer von 670 Stunden). Nach einem schweren Angriff der Amerikaner am 12. August 1943 mit 200 Toten wird Bonn immer häufiger das Ziel der Bomberstaffeln, die nun auch tagsüber kommen.

Der schwerste von insgesamt 43 Angriffen vernichtet am 18. Oktober 1944 die Altstadt fast vollständig. Rund 250 Bomber der Royal Air Force lassen in den Vormittagsstunden Sprengbomben, Phosphor- und Brandbomben fallen. Innerhalb einer knappen halben Stunde sind große Teile der Innenstadt, vor allem das zum Rhein hin liegende Altstadtviertel, von der Wachsbleiche bis zur Zweiten Fährgasse, ein Flammenmeer. Unter den zerstörten Gebäuden sind die Universität und das Rathaus, Universitätskliniken und Krankenhäuser, das Stadttheater und die Beethovenhalle, Schulen und Kirchen, auch das Poppelsdorfer Schloss. Nur das Beethovenhaus in der Bonngasse übersteht den Feuersturm, da es besonders geschützt ist. Wie durch ein Wunder bleibt die Figur der „Regina pacis“ an der Südfassade der Universität unbeschädigt.

Hauptgrund für diesen vernichtenden Angriff war nicht die kriegswirtschaftliche Bedeutung Bonns, sie wurde als gering geachtet, sondern die Tatsache, dass die Stadt bisher wenig Bombenschäden aufwies. Nur so konnten die Briten mit Luftbildern vor und nach dem Angriff feststellen, wie zielgenau sie ihre Angriffe flogen und wie effektiv die Bombardierung inzwischen war. Dieses Ziel haben sie erreicht. Dafür ging die Bonner Innenstadt unter.

Mehrfach wird Bonn auch noch in den letzten Kriegsmonaten Ziel alliierter Luftangriffe. Am 4. Februar 1945 werfen 350 US-Maschinen etwa 2000 Spreng- und Brandbomben ab. Am 4. März erreichen Verbände der 1. Amerikanischen Armee den Raum Bonn und stoßen von Norden und Westen vor. Am Morgen des 9. März besetzen sie kampflos die Bonner Innenstadt. Die Verteidiger haben sich auf das rechte Rhein-

Skulptur der „Regina Pacis“ an der Hofgartenseite der Universität. Die 1744 von Willem Rottermondt geschaffene vergoldete Plastik aus Bleiguss hat nicht nur den Brand von 1777, sondern auch die Zerstörung der Stadt durch Bomben im Jahr 1944 unbeschädigt überstanden.

ufer zurückgezogen und die Brücke gesprengt. Bereits am 8. März kann die 9. amerikanische Infanterie-Division das weitgehend unzerstörte Bad Godesberg einnehmen. Dass dies kampflos geschieht, ist der einsichtigen Haltung des Kommandeurs der 3. Fallschirmjägerdivision, General Rudolf Schimpf, zu verdanken, der sich mit seiner Einheit auf Bitten der Bürgerschaft absetzt. Am 19. März besetzen die Amerikaner, die schon am 7. März auf dem rechtsrheinischen Ufer gegenüber Remagen einen Brückenkopf gebildet haben, Oberkassel und zwei Tage später Beuel.

Die Bilanz des Zweiten Weltkrieges

In Bonn, Bad Godesberg, Beuel und Oberkassel sind 4020 Gefallene, 1868 Zivilopfer der Luftangriffe, und 488 politische Opfer, darunter vor allem Juden, zu beklagen. 3686 Menschen werden vermisst und mehr als 3600 sind kriegsversehrt. 2650 Wohngebäude sind zerstört (fast jedes fünfte), mehr als 10 400 Häuser sind beschädigt. Damit nimmt Bonn einen Platz unter den 20 am schwersten betroffenen deutschen Städten ein. Die Einwohnerzahl ist von 104 000 im Jahr 1939 auf 43 000 Anfang 1945 zurückgegangen. In den folgenden Monaten kehren mehr als 10 000 Personen aus Gefangenschaft oder Evakuierung nach Bonn zurück.

Vom Wiederaufbau zur Bundeshauptstadt

Amerikaner und Briten – die Besatzungszeit

Um neun Uhr am 9. März 1945 beginnt in Bonn die Besatzungszeit. Eine der ersten Verordnungen der Militärregierung betrifft die nächtliche Ausgangssperre für Zivilpersonen von 21 Uhr bis 6 Uhr. Ansammlungen von mehr als fünf Personen sind nicht erlaubt, es sei denn bei Gottesdiensten. Der Post- und Fernsprechverkehr wird eingestellt, Fotografieren ist verboten. Noch ist Krieg auf der anderen Rheinseite, und eine US-Batterie an der Nussallee feuert ihre Granaten über den Strom. Die Besatzer beschlagnahmen große Teile des noch erhaltenen Wohnraumes – etwa 1500 Häuser mit 4000 Wohnungen. Bald gibt es auch einen blühenden Schwarzmarkt. Der Hofgarten dient bis 1948 als Entlassungslager für deutsche Kriegsgefangene. 150 000 „Heimkehrer“ werden hier in die Freiheit entlassen.

An der Spitze der vorläufigen Bonner Verwaltung steht jetzt der frühere Beigeordnete Eduard Spoelgen, ein Gegner der Nazis. Am 13. August 1945 wird er von der britischen Militärregierung, die inzwischen die Amerikaner in Bonn abgelöst hat, zum Oberbürgermeister ernannt. Das Verhältnis zum Befehlshaber der Briten, Oberstleutnant Pirie, ist gespannt. Als Spoelgen ihn bittet, im Winter der Bevölkerung mehr Kohlen zur Verfügung zu stellen, ordnet dieser an, die Bäume an der Meckenheimer Allee zu fällen. Nur eine Intervention der Universität kann das verhindern. Nächst der Sorge um Nahrung, Kleidung, Heizmaterial, Gas und Strom muss die Zivilverwaltung vor allem beschädigte Wohnungen wieder instand setzen lassen. Mehr als eine halbe Million Kubikmeter Schutt sind wegzuräumen. Das brauchte noch Jahre. 1950 ist erst die Hälfte weggeschafft. Die Trümmer werden vor allem zum Aufschütten der Altstadtviertel am Rhein gebraucht, die dadurch hochwassergeschützt sein sollen. Breitere Straßen-

Kriegsende 1945: Ein amerikanischer Soldat auf der Beueler Seite blickt auf die gesprengte Rheinbrücke und die Ruinen der Bonner Innenstadt.

züge werden angelegt. Ein Mosaik am Haus Ecke Brüdergasse/Belderberg erinnert heute an die „Altstadtumlegung 1944–1957". Der Bau der neuen Brücke über den Rhein dauert noch bis 1949 (seit 1963 heißt sie Kennedybrücke). Bis zu ihrer Eröffnung befördern vier Personen- und eine Autofähre zwischen Bonn und Beuel täglich tausende Personen.

Unternehmen auch aus Ost- und Mitteldeutschland lassen sich nun hier nieder. Die Industrie- und Handelskammer freut sich schon, „dass die Rentnerstadt Bonn der Vergangenheit angehört". Langsam beginnt auch das gesellschaftliche Leben sich wieder zu regen. Schon im Juli 1945 werden im Akademischen Kunstmuseum am Hofgarten Szenen aus dem „Faust" gespielt. Die Theateraufführungen und Konzerte finden in Behelfsquartieren statt, aber die insgesamt 90 000 Besucher zeigen: Die Menschen hungern auch nach Kultur – und nach Wissen. Die Universität nimmt im November wieder den Vorlesungsbetrieb auf, der nach dem Luftangriff im Oktober 1944 eingestellt worden ist. Der Wiederaufbau der Universität geht zügig voran. Jeder, der sich um einen Studienplatz bewirbt, muss im Studentenbautrupp mitarbeiten. Eine weitsichtige Entscheidung ist die Verlegung der Universitätskliniken, zunächst für Innere Medizin und Chirurgie, auf den Venusberg. Dafür werden die ehemaligen Flak-Kasernen renoviert und umgebaut.

Die britische Militärbehörde greift tief in die Verwaltungsstruktur der Städte ein. Sie ändert am 1. April 1946 die bestehende Gemeindeordnung von 1935 in wesentlichen Punkten. Die leitenden Funktionen der Stadt werden aufgeteilt: Der Oberbürgermeister ist nun Repräsentant der Stadt und Vorsitzender des Rates, der Oberstadtdirektor leitet als auf Zeit gewählter Beamter die Verwaltung im Auftrag des Rates. Die Alliierten streben eine schnelle Wiederherstellung demokratischer Gremien an. Die Parteien haben sich bereits formiert. Nach 14 Jahren kann 1946 erstmals wieder eine gewählte Stadtverordnetenversammlung zusammentreten. Bei der Wahl nach dem Mehrheitswahlrecht erreicht die CDU die absolute Mehrheit in Bonn und Bad Godesberg; bei den Kommunalwahlen 1948 nach dem Verhältniswahlrecht aber kann sie diese Position nicht halten. Die Volkszählung im Oktober 1946 ergibt: Bonn hat jetzt wieder 94 600 Einwohner.

„Fringsen“
Um die Jahreswende 1946/47 gibt es nur ein Thema für die Menschen: Hunger und Kälte. Bonn erlebt den härtesten Winter seit Jahrzehnten. Der Rhein friert zu. Nur 800 Kalorien stehen jeder Person zu, weniger als das Existenzminimum. Und es fehlt an Heizmaterial. Die Baumbestände werden rücksichtslos geplündert. Selbst der Kölner Erzbischof Josef Frings hat Verständnis für die Leute, die auf fahrende Güterzüge springen und Briketts herunterwerfen, die dann von Gefährten aufgesammelt werden. Allein auf dem Werftgelände in Graurheindorf kommen so 780 Tonnen Kohle abhanden. Im Volksmund heißt das seither „fringsen“. Noch Anfang 1948 ist die Ernährungssituation in Bonn so schlecht, dass eine Delegation der Stadt bei Ministerpräsident Arnold in Düsseldorf um Hilfe bittet.

Die Währungsreform bringt den Menschen neue Hoffnung. Der „Tag X“ läuft in Bonn reibungslos ab. 105 000 Bonner nehmen am 20. Juni 1948, einem Sonntag, 40 Deutsche Mark als „Kopfgeld“ in Empfang. Der Wirtschaftsrat der Bizone stellt die Weichen in Richtung Soziale Marktwirtschaft. Nur wenige Tage nach der Währungsreform fällt eine weitere wichtige Entscheidung: Die drei Westmächte machen den Weg frei für die Einberufung eines vorbereitenden Verfassungskonvents. Dieser hat die Aufgabe, „eine demokratische Verfassung auszuarbeiten, die für die beteiligten Länder eine Regierungsform des föderalistischen Typs schafft“. So heißt es in den „Empfehlungen“, die die Militärgouverneure der drei Westzonen den Ministerpräsidenten am 1. Juli 1948 in Frankfurt überreichen.

Der Parlamentarische Rat tagt

Wo sollte dieser vorbereitende Verfassungskonvent tagen? Es war der Leiter der Düsseldorfer Staatskanzlei, Hermann Wandersleb, der Bonn ins Spiel brachte. Er hatte hier schon beim Beethovenfest im Frühjahr 1947 entsprechende Erfahrungen gemacht. Er lernte die Aula der Pädagogischen Akademie als „gut geeigneten Tagungsraum“ für wichtige Veranstaltungen kennen. Deshalb veranlasste er, dass im Herbst 1947 der erste Verwaltungslehrgang Nordrhein-Westfalens dort stattfand. „Er wurde ein voller Erfolg, nicht zuletzt deshalb, weil die Stadtverwaltung ihn trotz der in der damaligen Reichsmark-Zeit bestehenden Schwierigkeiten nach besten Kräften befördert hatte. Das war die erste, damals noch ganz unbewusste Vorleistung der Stadt Bonn für ihre spätere Berufung", so Wandersleb. Auf sein Anraten hin schlug der nordrhein-westfälische Ministerpräsident Karl Arnold den anderen Länderchefs Bonn als Sitzungsort des „Parlamentarischen Rates" vor und stellte die Vorzüge Bonns heraus, wozu auch der Hinweis auf die Universität gehörte. Die Ministerpräsidenten nahmen den Vorschlag am 16. August 1948 mit großer Mehrheit an. Sämtliche Fraktionen des Bonner Stadtrates erkannten sofort, dass die Wahl Bonns nicht nur eine Ehre war, sondern größte wirtschaftliche Bedeutung für die industriearme und vom Krieg heimgesuchte Stadt hatte. Oberstadtdirektor Johannes Langendörfer war in seinem Element. Der frühere Oberstarzt ging „generalstabsmäßig" vor. Er mobilisierte nicht nur die Verwaltung, sondern auch die Handwerkerinnungen, die Geschäftsleute, Hoteliers und Wirte.

Vorbereitungen

Im Verwaltungsbericht der Stadt heißt es: „Zunächst galt es, in einer Rekordzeit von 13 Tagen die Gebäude der Pädagogischen Akademie und des Museums Koenig für die Aufnahme des Parlamentarischen Rates fertig zu machen. In beiden Gebäuden musste vieles, das kriegsbeschädigt war, instand gesetzt werden. Hinzu kam die Anfertigung von notwendigem Mobiliar wie Verhandlungstischen, Stühlen usw. Auch die gärtnerischen Anlagen mussten ein entsprechendes Äußeres erfahren. Um den Verkehr flüssig zu gestalten, mussten die Zu- und Abfahrten überholt werden. Ein besonderer Autobusverkehr, der eine beschleunigte unmittelbare Verbindung zwischen den Bahnhöfen und den beiden Gebäuden ermöglichte, musste eingerichtet werden. Schließlich mussten für die Angehörigen des Rates sowie für die Vertreter der einzelnen Länder und die vielen Pressleute, die nun auf einmal alle nach Bonn kamen, die notwendigen zufrieden stellenden Quartiere beschafft werden."

Am 1. September trat der Parlamentarische Rat zu seiner feierlichen Eröffnungssitzung im Zoologischen Museum Alexander Koenig zusammen – zwischen ausgestopften Tieren, wie schon Zeitgenossen ironisch anmerkten. Seine 56 Mitglieder waren von den Landtagen der elf westdeutschen Länder entsandt worden. In der ehemaligen Pädagogischen Akademie gingen sie daran, ein „Grundgesetz" zu erarbeiten. Es war die politische Elite des Landes, darunter Konrad Adenauer, Präsident des Rates, und Carlo Schmid, der als Vorsitzender des Hauptausschusses neben Adenauer die wichtigste Rolle spielte.

Vier Jahre nach Kriegsende verabschiedete der Parlamentarische Rat am 8. Mai 1949 mit 53 gegen 12 Stimmen das Grundgesetz als Verfassung der Bundesrepublik Deutschland. Verkündet wurde es am 23. Mai von Adenauer im Rahmen einer feierlichen Sitzung in der Aula der Pädagogischen Akademie. Nach den ersten Bundestagswahlen Mitte August trat am 7. September der Deutsche Bundestag im neu errichteten

Symbol des demokratischen Neubeginns: Der Plenarsaal des Bundestages, Ende der 40er-Jahre gebaut nach den Plänen des Architekten Hans Schwippert. Ende der 80er-Jahre musste er einem Neubau weichen, der heute Kongresszentrum ist.

Plenarsaal des Bundeshauses zu seiner Eröffnungssitzung zusammen, am 12. September wurde Theodor Heuss zum Bundespräsidenten gewählt. Am selben Tag versammelten sich 1500 Gäste auf Schloss Augustusburg in Brühl zum ersten Staatsempfang. In den folgenden Jahrzehnten sollte es an diesem Ort so viele und so glänzende weitere davon geben. Danach begann der politische Alltag in Bonn. Kriegsopfer, Wohnungsbau, Lastenausgleich, Wirtschaftsaufbau – diese Fragen warteten auf den Gesetzgeber.

Das Bundeshaus, die ehemalige Pädagogische Akademie, war 1930 bis 1933 von Martin Witte im Bauhausstil errichtet worden. Klar und schnörkellos sind die Formen. In nur sieben Monaten wurde sie 1949 nach Plänen des Architekten Hans Schwippert zum Tagungsort von Bundestag und Bundesrat umgebaut und 1951 durch ein achtgeschossiges Abgeordnetenhochhaus ergänzt. 1953 bezog das Bundestagspräsidium einen neuen Trakt an der Rheinseite. Das Land Nordrhein-Westfalen übernahm zwar die Kosten für den Umbau des Bundeshauses, die Stadt Bonn musste aber eine Ausfallsgarantie abgeben, ein Drittel der Kosten des Plenarsaales zu übernehmen, sollte Bonn nicht Sitz der Bundesregierung werden. Diese Frage wurde bereits seit Monaten öffentlich und heftig diskutiert. Mehrere Städte, darunter Karlsruhe, Stuttgart, Düsseldorf, Kassel und Celle, hatten sich beworben, schließlich aber sollte die Entscheidung zwischen den beiden Hauptkonkurrenten Bonn und Frankfurt fallen. Die Wogen gingen hoch in diesem Streit. Während die SPD für Frankfurt votierte, hatte sich Adenauer für Bonn entschieden.

Adenauers Votum für Bonn

Adenauer hat in seinen „Erinnerungen" seine Motive für die Wahl Bonns genannt: „Mir ist oft vorgeworfen worden, ich hätte mich für Bonn als Bundeshauptstadt eingesetzt, weil Bonn nahe an meinem Wohnort Rhöndorf läge. Diesen Vorwurf betrachte ich als sehr naiv. Der ausschlaggebende Grund für die Wahl Bonns zur Bundeshauptstadt war schließlich folgender: Die Engländer hatten eine Erklärung abgegeben, falls Bonn zum Sitz der vorläufigen Bundeshauptstadt gewählt würde, seien sie bereit, das Gebiet von Bonn aus der britischen Zone und Militärverwaltung freizugeben. Die Amerikaner konnten eine solche Erklärung hinsichtlich Frankfurts nicht abgeben, weil in Frankfurt eine große Anzahl von amerikanischen Organisationen und sehr wichtigen Verwaltungsstellen ihren Sitz hatten, für die in einer anderen Stadt nur schwer hätte Raum geschaffen werden können."

Adenauer wusste in dieser Frage seine Partei ziemlich geschlossen hinter sich. Die FDP war das schwankende Zünglein an der Waage. Bei einer Abstimmung im Parlamentarischen Rat im Mai 1949 sprach sich eine Mehrheit für Bonn aus. Nun brach ein Sturm los gegen Bonn. Kommissionen stellten Städtevergleiche an, die zu unterschiedlichen Ergebnissen kamen. Doch am 3. November 1949 entschied sich der Bundestag für Bonn als vorläufige Bundeshauptstadt. 200 Abgeordnete stimmten für Bonn, 176 für Frankfurt. An der Option Berlin – im Falle einer Wiedervereinigung – wurde allerdings festgehalten.

Das Regierungsviertel entsteht

Bonn als „provisorische" Hauptstadt wurde nur zögernd angenommen, als „Bundesdorf" bespöttelt. Aber auch die Stadt selbst musste sich erst an die neue Funktion gewöhnen. Immerhin: Sie war das erste besatzungsfreie Gebiet Deutschlands nach der Kapitulation. Durch den Abzug der belgischen Besatzungstruppen wurden nicht nur Kasernen und Wohnungen, sondern auch deren Hauptquartier, das Palais Schaumburg, frei. Es war nun Dienstsitz von Bundeskanzler Konrad Adenauer, die benachbarte Villa Hammerschmidt Amtssitz von Bundespräsident Theodor Heuss. Ihren Namen hat die 1863 errichtete Villa vom Geheimen Kommerzienrat Rudolf Hammerschmidt, der sie 1899 erwarb. Ihr Vorbesitzer, der russische „Zuckerkönig" Leopold Koenig (Vater des Zoologen und Museumsgründers Alexander Koenig) hatte sie 1878 in ihrer heutigen Gestalt umbauen lassen. Die Bundesrepublik kaufte 1950 das Palais für 750 000 Mark. Heuss, ein Anhänger

Die Villa Hammerschmidt, Amtssitz der Bundespräsidenten seit Theodor Heuss, heute zweiter Amtssitz des deutschen Staatsoberhaupts.

des Bauhausstils, ließ den Zierrat der Gründerzeit entfernen. Seine Frau Elly Heuss-Knapp stattete den Amtssitz mit Möbeln aus den Schlössern Brühl, Ludwigsburg, Würzburg und Stuttgart bürgerlich-repräsentativ aus.

Dass Bonn „Provisorium“ war, zeigte sich augenfällig auch in den Bundesbauten, die in der ersten Hälfte der fünfziger Jahre an der Koblenzer Straße (später Adenauerallee) entstanden: Auswärtiges Amt, Bundespostministerium und Bundespresseamt. Weitere Dienststellen des Bundes waren über die ganze Stadt verstreut: Zwei ehemalige Kasernen in Duisdorf nahmen das Wirtschafts- und Wohnungsbauministerium sowie das Arbeitsministerium auf. Das Bundesjustizministerium quartierte sich in der romantischen Rosenburg in Kessenich ein. Im Norden der Stadt, an der Graurheindorfer Straße, wurden das Finanz- und das Innenministerium untergebracht. Alle diese Bürokomplexe und auch ihre Erweiterungen waren gesichtslose Zweckbauten (erst Mitte der sechziger Jahre verlegte das Bundesverteidigungsministerium seinen Sitz von der 1880 errichteten Ermekeilkaserne in der Südstadt auf die Hardthöhe).

Sitz der Alliierten Hohen Kommission war das 1914 eröffnete Kurhotel auf dem Petersberg, das für diesen Zweck umgebaut wurde. Hier machte Adenauer im September 1949 den berühmten „Schritt auf den Teppich", als er den Hohen Kommissaren sein Kabinett vorstellte. Bis Deutschland souverän wurde, vergingen noch fünfeinhalb Jahre. Am 5. Mai 1955 endete mit der Ratifizierung zum Deutschlandvertrag die Besatzungszeit in den drei Westzonen. Der Petersberg, dessen Kapelle seit Jahrhunderten Ziel von Wallfahrten war, wurde 1979 von der Bundesregierung erworben, die das Hotel zum Gästehaus des Bundes umbauen ließ.

Staatsbesuche

Die Bonner haben sich schnell an die vielen Staatsbesuche gewöhnt. Als Zaungäste sind sie dabei, wenn sich gekrönte und ungekrönte Staatsoberhäupter, Regierungschefs und Parlamentspräsidenten im Gobelinsaal des Rathauses am Markt ins Goldene Buch der Stadt eintragen. Der erste ist 1952 Italiens Ministerpräsident Alcide de Gasperi. Es folgen Kaiser Haile Selassie von Äthiopien, Schah Reza Pahlavi mit Kaiserin Soraya, Indiens Ministerpräsident Nehru und Frankreichs Staatspräsident Charles de Gaulle, der einen fulminanten Empfang durch die Bonner Bevölkerung erhält. Auf dem Marktplatz treffen auch John F. Kennedy und Elizabeth II. erstmals Bürger des Gastlandes. Strenge Sicherheitsauflagen gibt es nicht. 1959 fahren US-Präsident Dwight D. Eisenhower und Bundeskanzler Adenauer vom 25 Kilometer entfernten Flughafen Wahn noch im offenen Wagen durch die Dörfer nach Bonn.

Bonn war in jenen Jahren auf Wachstumskurs. Die Zahl der Einwohner stieg zwischen 1950 und 1969 von rund 115 000 auf 138 000 (einen noch stärkeren Anstieg zeigen die umliegenden Gemeinden). Der Bedarf an Wohn- und Büroraum in Bonn nimmt sprunghaft zu. Eilig ist als erste die von Max Taut entworfene „Reutersiedlung" an der Reuterstraße aus dem Boden gestampft worden. Hier finden Neu-Bonner verhältnismäßig guten und preisgünstigen Wohnraum. Neben den Universitätskliniken entsteht auf dem Venusberg eine Wohnsiedlung vorzugsweise für die politische Prominenz. Hier haben

Staatssekretäre, Minister und Kanzler ihre Villen und Bungalows. Im Nordwesten beginnt der Ausbau von Tannenbusch, in den sechziger Jahren dann auch die Bebauung am Heiderhof und im Pennenfeld. Die Zahl der Wohngebäude in Bonn steigt von 1950 bis 1970 von rund 9500 auf 37 300, die Zahl der Wohnungen von rund 24 000 auf 100 000. In Plittersdorf erhalten die Amerikaner ihre eigene Siedlung (sie steht heute unter Denkmalschutz).

Viele der diplomatischen Vertretungen haben schon in den ersten Jahren der Bundesrepublik alte Villen in den am Rhein gelegenen Ortsteilen von Bad Godesberg bezogen. Als die neu ausgebaute Bundesstraße 9 zwischen Bonn und dem Kurort 1957 dem Verkehr übergeben wird, nennt sie der Volksmund prompt „Diplomatenrennbahn". Gerade die diplomatischen Vertretungen, vor allem die größeren Residenzen mit ihren Möglichkeiten, leisten einen bedeutenden Beitrag zum gesellschaftlichen Leben der Stadt. Hier treffen sich Politik, Wirtschaft und Wissenschaft bei zahlreichen Empfängen.

Diplomaten am Rhein

George McGhee, in den sechziger Jahren Botschafter der USA in Bonn, hat das Leben eines Diplomaten am Rhein mit leichter Ironie so beschrieben: „Ein viel zu großer Teil der Zeit eines Botschafters geht mit informellen Kontakten drauf, und wenige davon sind rein gesellschaftlicher oder privater Natur. Meine Frau und ich gaben 526 derartige Einladungen, an denen 14 875 Leute empfangen wurden. 220 davon waren Mittagessen, 95 Empfänge und Cocktailpartys, 205 Abendessen, sieben Frühstücke, zwei Tees, zwei Konzerte und drei große Bälle … Bonn ist zwar die Hauptstadt der Bundesrepublik, aber eine relativ kleine, ja provinzielle Stadt ohne großes gesellschaftliches Leben wie in London, Paris oder Rom. Wir betrachteten das als ein Gottesgeschenk."

Das „Provisorium" entfaltete seine eigene Dynamik. Bis Anfang der sechziger Jahre hatte der Bund fast eine halbe Milliarde Mark hier verbaut, 220 000 Quadratmeter Bürofläche belegten Dienststellen des Bundes in der Stadt und ihrer Umgebung – auch wenn man, wie die Historikerin Edith

Ennen pointiert feststellte, „zuerst wahllos baute und dann erst plante“. Damit war der Hunger der Ministerien, Behörden und Verbände noch lange nicht gestillt. Die 1967 errichtete Bürostadt mit Pressehaus und einem 18-stöckigem Hochhaus im „Tulpenfeld“, früher Gelände einer Großgärtnerei, wurde als erster Schritt hin zur Anlage eines Regierungsviertels gesehen. Hier arbeiteten nun mehr als 2000 Menschen.

Der stark zunehmende Verkehr wuchs sich zu einem gravierenden Problem für die Stadt aus. Eine gewisse Entlastung brachte der Anschluss der Reuterstraße an die Autobahn Bonn-Köln. Auch Schulen gab es angesichts der großen Nachfrage der zugezogenen Familien viel zu wenige. Unter Oberbürgermeister Wilhelm Daniels (1956–1969) wurden einige wichtige öffentliche Bauten errichtet und zugleich architektonische Akzente an der Rheinfront der Stadt gesetzt: die neue Beethovenhalle (1959) und das Stadttheater (1965).

„Treibhaus“ oder liebenswerte Idylle?

Das „Provisorium Bonn“ wurde selbst zum Thema der zeitgenössischen Literatur. Wolfgang Koeppen hat in seinem Roman „Das Treibhaus“ von 1953 die politische Atmosphäre der Adenauer-Zeit zu porträtieren versucht. Und noch 1968 spottete John le Carré in seinem Roman „Eine kleine Stadt in Deutschland“, in Bonn seien „sogar die Fliegen beamtet“. Doch literarische Klischees sind das eine, die politische Realität ein anderes. Die parlamentarische Demokratie hat sich im milden Klima am Rhein in einer Weise entwickelt, die schon bald den Vergleich zu den traditionsreichen Demokratien nicht zu scheuen brauchte. Bonn wurde für fünf Jahrzehnte zum Synonym für Bundespolitik. Auch Godesberg findet sich im politischen Wörterbuch wieder: Das Grundsatzprogramm der SPD von 1959 ist nach diesem Ort benannt, an dem es beschlossen wurde.

Das politische Bonn war lange Zeit weitgehend eine Männergesellschaft. Gab es da für Abgeordnete noch ein Leben außerhalb von Plenum, Fraktion und Ausschüssen?

Konzerthaus: Die Beethovenhalle am Rheinufer. Sie hatte zwei Vorgänger.

Die Parlamentarische Gesellschaft, 1951 als Clubhaus nach britischem Vorbild gegründet, war ein solcher Ort; auch die Bar im Presseclub, die gastlichen Räume in den Landesvertretungen und der „Kessenicher Hof", in dem sich eine starke Gruppe der SPD-Fraktion, die „Kanalarbeiter" um Egon Franke, regelmäßig zum Skatspiel traf. Ein beliebter Ort des informellen Austausches war auch das Weinhaus „Maternus" in Bad Godesberg, dessen Chefin Ria Maternus eine Institution war. Bonner Journalisten gründeten eine Einrichtung, die ihresgleichen sucht: die „Bundespressekonferenz", bei der die Regierungsvertreter als „Gäste" auftreten.

Bonn zählte zwar zu den kleinsten Hauptstädten der Welt, beherbergte aber dennoch so viele politische Journalisten, wie sie nur noch in den Hauptstädten der Weltmächte anzutreffen sind. Aber nirgendwo sonst, weder in Paris, London, Moskau oder Washington, massierten sich die Korrespondenten so nahe um das Parlamentsgebäude wie in Bonn. Die Journalisten sorgten jedes Jahr auch für den glanzvollen gesellschaftlichen Höhepunkt in der Bundeshauptstadt: Auf dem Bundespresseball tanzte die politische Prominenz. Politiker, Bundesbeamte, Lobbyisten und Journalisten konnten dem spezifischen Ambiente Bonns jedenfalls viel abgewinnen, wie sie in ihren Erinnerungen schreiben.

Die kommunale Neugliederung

Schon seit Ende der vierziger Jahre hatte es immer wieder Vorstöße gegeben, die linksrheinischen Gemeinden des Landkreises Bonn und das rechtsrheinische Beuel (1952 zur Stadt erhoben) nach Bonn einzugemeinden. Das scheiterte aus vielerlei Gründen. Selbst bei der Verkehrs- und Raumplanung gab es wenig Zusammenarbeit zwischen Bonn und Bad Godesberg. Mitte der sechziger Jahre aber platzte der Knoten. Die Landesregierung in Düsseldorf war nun am Zug. Bonn wurde zum „Modellfall“ für die Neugliederungen im Land. 1969 kam es zur großen Lösung. Das entsprechende, vom Düsseldorfer Landtag beschlossene Gesetz, das am 1. Juli in Kraft trat, vereinigte die Städte Bonn, Bad Godesberg und Beuel sowie die Gemeinden Duisdorf, Lengsdorf, Ippendorf, Lessenich, Röttgen, Buschdorf, Holzlar und Oberkassel zu einer kreisfreien Gesamtstadt mit vier Stadtbezirken (Bonn, Beuel, Bad Godesberg und Hardtberg). Das Stadtgebiet von Bonn hat sich damit von etwa 31 auf rund 141 Quadratkilometer erweitert und ist damit nun fast fünf Mal so groß wie vorher. Der Landkreis Bonn wurde aufgelöst, Gemeinden außerhalb der Stadt Bonn kamen zum neu geschaffenen Rhein-Sieg-Kreis.

Die Bonn zugeschlagenen Städte und Gemeinden zogen gegen diese – wie man heute sagen würde – „feindliche Übernahme“ vor das Landesverfassungsgericht – vergeblich. Nach den Kommunalwahlen im November 1969 konstituierte sich der neue Rat. Er wählte Peter Kraemer zum Oberbürgermeister und bestellte Wolfgang Hesse zum Oberstadtdirektor. Auch

Blick vom Schiffsanleger am Alten Zoll auf das rechtsrheinische Ufer mit Wohnanlagen. Die St.-Josephs-Kirche in Beuel wurde 1882 in neugotischem Stil errichtet.

wenn viele Neubürger skeptisch blieben, waren schließlich die positiven Faktoren der Gebietsreform stärker als die Antipathien. Durch den Zuwachs der Nachbargemeinden erhöhte sich die Einwohnerzahl auf 275 000. Und die Bevölkerung verjüngte sich. Mit der kommunalen Neuordnung war Bonn nun in der Lage, seine Hauptstadtfunktionen zu entwickeln. Das Jahr 1969 wird heute von vielen als tieferer Einschnitt in die Stadtentwicklung gesehen als Kriegszerstörungen und Wiederaufbau.

Bonn – offiziell Bundeshauptstadt

War Bonn bei der Bereitstellung der notwendigen Einrichtungen für Zehntausende von Bundesbediensteten und ihre Familien – von Kindergärten über Schulen bis hin zu Verkehrsverbindungen – weitgehend auf sich allein gestellt, so änderte sich das nun grundlegend. 1970 wurden in einer ersten „Vereinbarung“ zwischen dem Bund, dem Land Nordrhein-Westfalen und Bonn die Weichen gestellt für den weiteren Ausbau als Sitz der Bundesregierung. Die Stadt verpflichtete sich, „im Rahmen ihrer Gesamtaufgaben und in angemessener Frist die kommunalen Einrichtungen zu schaffen und zu unterhalten, die zugleich Bundeszwecken dienen und die für die Tätigkeit der Bundesorgane in Bonn unerlässlich sind“. Insgesamt erreichten die Zuschüsse des Bundes an die Stadt in diesem Zeitraum ein Volumen von 900 Millionen Mark, rechnet man die weiteren finanziellen Leistungen aus der 1975 geschlossenen „Vereinbarung über den weiteren Ausbau Bonns als Bundeshauptstadt“ hinzu. Der Bund erklärte sich bereit, zwei Drittel der Kosten zu übernehmen, von dem restlichen Drittel übernahmen das Land 85 Prozent, Bonn 15 Prozent. Es wurde ein gemeinsamer Lenkungsausschuss für den Hauptstadtausbau eingerichtet. Bonn konnte nun die nötigen Investitionen vor allem in die Infrastruktur tätigen.

Der Bau der U-Bahn war eines der größten Projekte. Sie wurde 1975 eröffnet. Die Realisierung des „City-Rings“ befreite die Innenstadt vom durchgehenden Autoverkehr. Als eine der ersten deutschen Städte hatte Bonn bereits 1965 eine Fußgängerzone eingerichtet und damit die Attraktivität der Innenstadt erheblich erhöht. Für den großräumigen Verkehrsfluss wurden Autobahnbrücken über den Rhein gebaut: die Konrad-Adenauer-Brücke im Süden und die Friedrich-Ebert-Brücke im Norden. Es gab bereits konkrete Pläne für einen Autobahnring um Bonn, doch die „Südtangente“ wurde nie realisiert. Heute wäre sie ein sinnvoller Autobahnnetzschluss angesichts des Wachstums in der Region. Die Stadt investierte in den siebziger Jahren pro Einwohner etwa doppelt so viel in die Bereiche Städtebau und Verkehr wie andere kreisfreie Städte in Nordrhein-Westfalen – bei angespannter Haushaltslage. Der Kanzler der ersten sozialliberalen Regierung, Willy Brandt, bezeichnete 1973 in seiner Regierungserklärung Bonn als Hauptstadt der Bundesrepublik. Der Zustand des „Provisoriums“ war damit „offiziell“ beendet.

Da Bonn eine Hauptstadt „mit menschlichem Maßstab“

bleiben sollte, wurden monumentale Konzepte für ein neues Regierungsviertel verworfen. Stattdessen gab es erst einmal Erweiterungsbauten an den alten Standorten. Ein spektakulärer Neubau allerdings ist bereits 1969 fertig gestellt worden: das von Egon Eiermann entworfene 30-stöckige Abgeordnetenhochhaus. Der Karlsruher Architekt erklärte damals, dass das Hochhaus für sich allein undenkbar sei: „Isoliert steht es wie ein peinlicher Finger in der Gegend. Das kommt gar nicht infrage, das wäre ein Torso." Doch es blieb dabei, und der „Torso" erhielt im Volksmund den Namen „Langer Eugen", nach seinem Bauherrn, Bundestagspräsident Eugen Gerstenmeier. Die Stadt setzte 1969 mit dem Bau des „Bonn-Centers" an der Reuterbrücke einen eigenen Akzent in unmittelbarer Nähe des Regierungsviertels. Im selben Jahr fiel auch die Entscheidung des Bundeskabinetts für den Neubau des Kanzleramtes, da das Palais Schaumburg weder in technischer noch räumlicher Hinsicht mehr den Anforderungen genügte. 1974 begannen die Bauarbeiten. Zwei Jahre später konnte Bundeskanzler Helmut Schmidt in den unspektakulären Zweckbau einziehen, auf dessen Vorplatz die Skulptur „Two large forms" von Henry Moore einen Kontrast zur Architektur bildet. Bis 1999 war dieses Gebäude Amtssitz des Bundeskanzlers. Nach Schmidt hießen die Hausherren hier Helmut Kohl und Gerhard Schröder. Vor dem Zaun aber erinnert die von Hubertus von Pilgrim geschaffene Büste Konrad Adenauers an den ersten Kanzler der Bundesrepublik.

Die Vereinbarung von 1970 zwischen Bund, Land und Stadt Bonn war auf zehn Jahre terminiert; 1980 wurde sie um weitere zehn Jahre verlängert. Und der Bund baute. Das Regierungsviertel griff nach Süden aus. An der Godesberger Allee wurden die „Kreuzbauten" – Justiz-, Bildungs- und Forschungsministerium – und später, zur Rheinaue hin, das Verkehrs- und Postministerium errichtet. Inzwischen hatte sich auch die Stadt ein neues Verwaltungszentrum genehmigt. Das Stadthaus am Berliner Platz, ein für 180 Millionen Mark erbauter Betonriese mit 42 Büroetagen in fünf verschieden hohen Türmen, wurde zum meistumstrittenen Bauwerk der Bundeshauptstadt. Im Eröffnungsjahr 1978 kursierte der Witz:

Das ehemalige kurfürstliche Residenzschloss ist heute Hauptgebäude der Rheinischen Friedrich-Wilhelms-Universität. Vorne der Hofgarten, links im Hintergrund die Türme des Münsters.

„Wo ist die schönste Stelle in Bonn? Im neuen Stadthaus. Nur von dort kann man es nicht sehen." Die Bonner haben sich schnell an den städtischen Betonriesen gewöhnt. Ein Jahr später setzte die Bundesgartenschau in der Rheinaue einen ganz anderen Akzent. Öffentliche Grünanlagen sind in Bonn – abgesehen von Hofgarten und Poppelsdorfer Allee – kaum zu finden.

Die Rheinaue
Die Rheinaue, ein bis dahin landwirtschaftlich genutztes Gebiet, war durch die kommunale Neuordnung Bonns in die Mitte der Stadt gerückt. Das rund 200 Hektar große Gelände geriet bereits als Standort weiterer Bundesbauten in den Blick. Das wurde verhindert. Nach zehnjähriger schwieriger Planungsphase entstand zu beiden Seiten des Rheins ein Landschaftspark, der 1979 Gelände einer gelungenen Bundesgartenschau war und Bonn einen Naherholungsraum schuf, der seinesgleichen sucht. Die Rheinaue, die bis ans Regierungsviertel reicht, füllt mit ihren terrassenartigen Grünflächen und den Seen, den künstlich angelegten Gärten und den Wildpflanzenzonen in

Rheinnähe die Lücke im Erholungsangebot der Stadt. Selbst für die Autobahnbrücke wurde eine ökologisch verträgliche Lösung gefunden: Nicht auf einem Damm, sondern auf Ständern zieht sie über die Rheinaue hinweg und bildet somit keine Barriere in dieser vielfältig genutzten „grünen Lunge".

Die Rolle Bonns als Bundeshauptstadt stärkte nicht nur das Selbstbewusstsein der Bürger, sondern hatte zuweilen auch ganz andere Seiten. 1981 erlebte die Stadt die größte Kundgebung ihrer Geschichte. 250 000 Demonstranten waren angereist, um gegen die nukleare Rüstung zu protestieren. Die Veranstaltung fand im Hofgarten statt. Der verschreckte Einzelhandel sicherte seine Schaufenster mit Brettern, doch die Großveranstaltung verlief friedlich. Mit der Ruhe war es freilich vorbei. Die Nachrüstungsdebatte bescherte Bonn weitere Demonstrationen. Aber letztlich wurden diese Manifestationen des politischen Willens hingenommen. Auch diese Seite, lernten die Bonner, gehört eben dazu, wenn man im Zentrum der Politik lebt.

Die Wende – Bonn oder Berlin?

Bonn hatte sich eingerichtet, endgültig Bundeshauptstadt zu sein. Doch mit dem Fall der Mauer im Herbst 1989 war plötzlich alles anders, die Wiedervereinigung Deutschlands rückte in den Blick. In Artikel 2 des Einigungsvertrages heißt es: „Hauptstadt Deutschlands ist Berlin. Die Frage des Sitzes von Parlament und Regierung wird nach der Herstellung der Einheit Deutschlands entschieden." Seit dem 3. Oktober 1990 trägt Bonn nicht mehr den Titel Bundeshauptstadt. Die Diskussion um die Frage, wo das politische Machtzentrum des neuen Deutschland liegen sollte, war voll entbrannt.

Die Stadt zog alle Register, um Parlaments- und Regierungssitz zu bleiben. Bonn passe zur föderalen Struktur der Bundesrepublik, wurde verkündet. Von der Standortentscheidung seien 30 Prozent der 314 000 Arbeitsplätze der Region (Bonn und Rhein-Sieg-Kreis) betroffen. Und ein Umzug würde zudem Milliarden Mark verschlingen. Umfragen signalisierten Ende 1990 noch „überzeugende Mehrheiten“ für Bonn, Abgeordnete wurden umworben. Der damalige Oberbürgermeister Hans Daniels wollte den „Hauptstadtstreit“ vermeiden und argumentierte: „Wenn Bonn Parlaments- und Regierungssitz bleibt, wird Berlin nichts genommen. Es wird als europäische Metropole eine große Zukunft haben. Berlin als der repräsentative ‚Salon‘ Deutschlands und Bonn als das Arbeitszimmer wären ein gutes Team auf dem Weg in das vereinte Europa.“ Noch engagierte sich ja der Bund ganz offensichtlich in Bonn. 1988 waren die Arbeiten zum Bundestagsneubau nach den Plänen des Architekten Günter Behnisch begonnen worden, ein neuer Plenarsaal wurde gebaut, der 1992 vollendet wurde. Seine großen Glasflächen sollen „demokratische Offenheit“ symbolisieren. Während der Bauzeit des Plenarsaals tagte das Parlament nebenan im ehemaligen Wasserwerk. Hier fiel die Entscheidung. Am 20. Juni 1991 beschloss der Deutsche Bundestag, seinen Sitz und den Kernbereich der Regierungsfunktion nach Berlin zu verlegen. Am 1. Juli 1999 hielt das Parlament hier seine letzte Sitzung ab.

Ausblick: das „neue Bonn“

Im Bonn-Berlin-Gesetz vom 26. 4. 1994 werden der Stadt der Verbleib wichtiger politischer Funktionen garantiert und dem Umland Chancen für eine zukunftsfähige Entwicklung eröffnet. Stadt und Region erhalten gemäß der auf zehn Jahre angelegten Ausgleichsvereinbarung 2,8 Milliarden Mark (1,43 Milliarden Euro) für die strukturelle Anpassung. Die neue Situation macht Hoffnung. Immerhin behalten sechs der 15 Bundesministerien ihren ersten Dienstsitz in Bonn, und zwar die Ressorts Bildung und Wissenschaft, Forschung und Technologie, Gesundheit und Umwelt, Landwirtschaft, Entwicklungspolitik und Verteidigung. Mehr als 20 Bundesbehörden, die zuvor in Berlin und Frankfurt ihren Sitz hatten, werden nach Bonn verlegt, darunter das Bundeskartellamt und der Bundesrechnungshof. Den Namen „Bundesstadt“ trägt Bonn also ganz zu Recht. Ein attraktives Erbe aus der Zeit als Bundeshauptstadt ist die Museumsmeile. Bundeskunst- und Ausstellungshalle, Kunstmuseum und Haus der Geschichte sind touristische Magneten, die ebenso wie das jährliche Internationale Beethovenfest und das Kulturfestival „Bonner Sommer" Besucher weit über Deutschlands Grenzen hinaus anziehen. Geradezu ein Muss für Nostalgiker ist der „Weg der Demokratie", der zu den Orten führt, an denen seit 1949 Geschichte gemacht wurde, vom Museum Koenig über das Bundeshaus zum ehemaligen Kanzleramt, heute Sitz des Ministeriums für wirtschaftliche Zusammenarbeit und Entwicklung, und schließlich zur Villa Hammerschmidt, heute zweiter Dienstsitz des Bundespräsidenten.

Auch in kirchlicher Hinsicht hat die Stadt einiges aufzuweisen: Hier hat nicht nur die Katholische Deutsche Bischofskonferenz ihre Zentrale; Bonn ist zudem Sitz des Bischofs der Alt-Katholiken in Deutschland und des griechisch-orthodoxen Metropoliten von Deutschland und Exarch von Zentraleuropa (Kathedrale Agias Trias in Beuel).

Bonn liegt in einer der dichtesten Forschungs- und Technologiezonen Europas. Neben der Rheinischen Friedrich-Wilhelms-Universität mit rund 30 000 Studenten haben sich viele Forschungseinrichtungen hier niedergelassen, von denen das Center of Advanced European Studies and Research (Caesar) herausragt. Zudem haben eine Reihe von Wissenschaftsorganisationen wie die Deutsche Forschungsgemeinschaft, die Hochschulrektorenkonferenz und der Deutsche Akademische Austauschdienst (DAAD) hier ihren Sitz. Die demografischen Daten weisen für Bonn nicht nur einen Bevölkerungszuwachs (derzeit 314 000 Einwohner), sondern auch einen Geburtenüberschuss aus. In der Stadt sind heute mehr Menschen beschäftigt als 1990 – trotz Regierungsumzug.

Aus dem früheren Postministerium entstand der Kern internationaler Unternehmen, die heute zu den wirtschaftlichen Schwergewichten im neuen Bonn gehören: die Deutsche Post World Net und die Deutsche Telekom mit ihren Tochterunternehmen. Allein die IT-Branche beschäftigt hier 15 000 Menschen. Der Übergang ist weithin im Stadtbild sicht-

Das „neue Bonn“: Das ehemalige Abgeordnetenhochhaus „Langer Eugen“ ist heute UN-Campus. Im Vordergrund Trakte des früheren Bundeshauses.

bar: Wo früher das „Adenauerhaus“, die Parteizentrale der CDU und die „Unions-Säle“ standen, stehen jetzt die breit gestreckten Bauten des „Office Port“. Und der „Posttower“, der die Silhouette der Stadt prägt, erhebt sich wenige Gehminuten entfernt vom früheren Abgeordnetenhochhaus, das nun Bonner Sitz der Vereinten Nationen ist. Weithin sichtbar prangt das UN-Emblem auf dem „Langen Eugen“. Der UN-Campus beherbergt unter anderem das Sekretariat der Klimarahmenkonvention (UNFCCC).

Insgesamt sind bislang vier große und acht kleinere Organisationen der Vereinten Nationen in Bonn angesiedelt. Auf dem Areal, auf dem das neue UN-Kongresszentrum für 4000 Konferenzteilnehmer entsteht, wurden 2006 die Reste einer bedeutenden zivilen Siedlung aus römischer Zeit ans Licht des Tages befördert. Der Blick in die Zukunft der Stadt verbindet sich hier auf ganz eigene Weise mit den frühen Spuren der Bonner Geschichte.

Zeittafel

um 11 v. Chr.	Ubiersiedlung und römisches Auxiliarkastell in Bonn
43 n. Chr.	Castra Bonnensia, ständiges Legionslager
um 300	Für die christlichen Märtyrer Cassius und Florentius wird in Bonn eine Gedenkstätte errichtet, Keimzelle der späteren Münsterbasilika
um 355	Franken erobern Bonn, das Lager wird zerstört, aber wieder aufgebaut
um 458	Die „Bonnburg“ geht in den Besitz der fränkischen Könige über
um 540	Frankenkönig Theudebert I. lässt in Bonn erstmals Münzen prägen
626	Der Kölner Bischof Kunibert schenkt den ältesten in Bonn nachweisbaren Hof den Almosenbrüdern
um 680	Der fränkische Bonn- und Ahrgau erstreckt sich längs des Rheins von Wesseling bis zum Vinxtbach bei Brohl
691	In der ältesten Urkunde des Cassiusstiftes wird Diakon Giso als Abt und Oberhaupt der Kleriker an der Märtyrerkirche genannt
um 750	Die Dietkirche in der Südwestecke des ehemaligen Römerlagers ist älteste Pfarrkirche in Bonn
787	Hildebald, Erzbischof von Köln, übernimmt als Abt die Leitung des Bonner Cassiusstifts
886	Teile des Kottenforstes gelangen in den Besitz der Abtei Prüm
913	In einer Urkunde wird Eberhard, Bruder König Konrad I., als Graf des Bonngaus genannt
921	Der Friedensvertrag zwischen dem west- und ostfränkischen Reich wird auf einem Schiff im Rhein vor Bonn unterzeichnet
942	Bischofssynode in Bonn, an der auch König (später Kaiser) Otto I. teilnimmt
947	Otto I. bestätigt der Abtei Essen den ihr von Karl dem Großen geschenkten Hof Vuodenesberg (Godesberg)
948	Der am Rheinufer gelegene „curtis wichindi“ (Wichelshof) ist Fronhof des Klosters Maria am Kapitol in Köln
978	Das Damenstift Vilich wird gegründet. Erste Äbtissin ist Adelheid
um 1000	Die „villa basilica“ am Cassiusstift wird als „civitas Verona“ bezeichnet. Um Stiftsbezirk und Händlersiedlung entsteht die mittelalterliche Stadt

um 1002	Im Norden Bonns wird das Kloster Engeltal errichtet
1056–1075	Unter Erzbischof Anno II. erfolgt der Neubau der Stiftskirche St. Cassius und Florentius als dreischiffige Basilika mit Querschiff und Krypta
1138	Unter Propst Gerhard von Are erhält die Münsterbasilika ihre heutige Gestalt
1151	Die Doppelkirche Schwarzrheindorf wird geweiht
1210	Der Kölner Erzbischof Dietrich lässt die Godesburg erbauen
1244	Erzbischof Konrad von Hochstaden bestätigt die Stadtrechte und ordnet den Bau einer Stadtmauer an
1286	Erzbischof Siegfried erkennt das Selbstverwaltungsrecht der Bonner Bürger an und genehmigt die Bildung eines Stadtrates.
1288	Erzbischof Siegfrieds Truppen werden in der Schlacht bei Worringen besiegt; Köln wird Freie Reichsstadt
1320	Zwischen Bonngasse und Wenzelgasse wird ein Judenviertel („Vicus Iudeorum“) angelegt
1331	Die Stadtverfassung wird durch Einsetzung eines Bürgermeisters ergänzt
1334	Die Wasserburg Poppelsdorf wird erstmals urkundlich erwähnt
1346	Karl IV. von Luxemburg wird – wie schon 1314 Friedrich der Schöne – im Bonner Münster zum deutschen König gekrönt
1385	Die vier rheinischen Kurfürsten schließen sich zum Kurrheinischen Münzverein zusammen. Einzige Münzstätte im Erzstift Köln ist Bonn
1393	Das Bürgerhaus, später Rathaus, ist erstmals urkundlich genannt
1454	Ein wohlhabendes Bürgerpaar stiftet der Stadt die Pisternenstraße (pisterna = Bäcker), die heutige Sternstraße
1473	Kurfürst Ruprecht von der Pfalz bestätigt die Bonner Sebastianus-Schützenbruderschaft
1542	Der Kölner Kurfürst Hermann von Wied beruft den evangelischen Theologen Martin Bucer nach Bonn. Er soll hier die Reformation durchführen
1543	Kaiser Karl V. zieht mit Truppen in Bonn ein; Johannes Gropper führt als Propst des Cassiusstifts die Kräfte der Gegenreformation
1582	Der Kölner Kurfürst Gebhard Truchseß tritt zum protestantischen Glauben über und heiratet in Bonn Gräfin Agnes von Mansfeld
1583	Im Kurkölnischen Krieg erobern bayerische Truppen die Godesburg und sprengen sie
1584	Mit dem Einzug des Kurfürsten Ernst von Bayern in

	Bonn beginnt die Epoche der Wittelsbacher auf dem Kölner Erzstuhl
1590	Die Jesuiten lassen sich in Bonn nieder
1597	Herzog Ferdinand von Bayern, regierender Koadjutor des Kölner Kurfürsten, erklärt Bonn offiziell zu Haupt- und Residenzstadt des Erzstiftes; 1601 verlegt er die Residenz hierher
1612–1650	Ferdinand von Bayern ist Kurfürst von Köln
1618–1648	Dreißigjähriger Krieg
1628	Die Wallfahrtskirche auf dem Kreuzberg wird eingeweiht
1634–1669	Pestepidemien im Rheinland
Ab 1642	Die alte Stadtmauer der Residenzstadt wird durch Bastionen verstärkt
1650–1688	Max Heinrich von Bayern Kurfürst von Köln
1664	Die „Welschnonnen" lassen sich in Bonn nieder
1684	Bau der ersten evangelischen Kirche in Oberkassel
1688–1723	Joseph Clemens von Bayern Kurfürst von Köln
1689	Belagerung und Zerstörung der Stadt Bonn durch brandenburgische und holländische Truppen; der Wiederaufbau dauert Jahre
1697	Der Grundstein für den Bau eines neuen Residenzschlosses wird gelegt
1698	Eine „Polizeiordnung" regelt das Leben der Bürger in der Stadt
1703	Belagerung und Eroberung der Festung Bonn durch Truppen der Generalstaaten. Schleifung der Festungswerke
1717	Weihe der Namen-Jesu-Kirche der Jesuiten in der Bonngasse
1724–1761	Clemens August Kurfürst von Köln; er lässt Bonn zu seiner prächtigen Residenz ausbauen
1737	Bau des neuen Rathauses am Markt
1761–1784	Max Friedrich von Königsegg-Rothenfels Kurfürst von Köln
1770	Ludwig van Beethoven in Bonn geboren
1774	Gründung der Maxischen Akademie (1786 kurfürstliche Universität)
1777	Das Residenzschloss wird durch eine Feuersbrunst zerstört; der Fontänenobelisk am Markt wird neu errichtet
1784–1794	Max Franz von Habsburg-Lothringen letzter Kurfürst von Köln
1790	Max Franz erwirbt den Godesberger Mineralbrunnen und lässt die Redoute bauen
1794	Max Franz flieht aus Bonn, französische Truppen besetzen die Stadt
1797	Das linksrheinische Territorium wird französisches Staatsgebiet

1802	Säkularisation des geistlichen Besitzes; das Cassiusstift und die Stifte Dietkirchen, Vilich und Schwarzrheindorf werden aufgehoben
1804/1811	Kaiser Napoleon I. besucht Bonn
1812	Die Martinskirche am Münster wird abgerissen
1814	Die Franzosen ziehen ab; preußische Truppen besetzen Bonn
1815	Die Rheinprovinz kommt zum Königreich Preußen
1818	Gründung der Universität durch den König von Preußen
1820	Das Corps „Rhenania", die älteste Bonner Studentenverbindung, wird gegründet
1824	Wäscherinnen in Beuel begründen die Weiberfastnacht
1825	Am Rosenmontag zieht erstmals ein bürgerlicher Fastnachtszug durch Bonn
1826	Das Kölntor und ein Teil der nördlichen Stadtbefestigung werden abgebrochen
1828	König Friedrich Wilhelm III. verbietet Karnevalsfeiern
1836	Das Siebengebirge ist Deutschlands ältestes Naturschutzgebiet
1844	Eröffnung der ersten Eisenbahnlinie Bonn-Köln
1845	Erstes Beethovenfest; das Beethoven-Denkmal auf dem Münsterplatz wird eingeweiht
1846	Die Höhere Landwirtschaftliche Lehranstalt in Poppelsdorf wird gegründet
1848	Die Revolution bricht aus; Gottfried Kinkel einer der Wortführer
1854	Das evangelische Friedrich-Wilhelm-Stift wird errichtet
1856	Der Komponist Robert Schumann stirbt in der Nervenheilanstalt Endenich
1860	Der Dichter und Patriot Ernst Moritz Arndt stirbt im Alter von 90 Jahren
1871	Die evangelische Kreuzkirche am Kaiserplatz wird eingeweiht
1874	Das Rheinische Provinzialmuseum wird gegründet (heute Rheinisches Landesmuseum)
1879	Die jüdische Gemeinde weiht ihre neue Synagoge am Rheinufer ein
1883	Zwölf Bonner gründen den Bicycle-Club, den ältesten westdeutschen Fahrradverein
1887	Bonn wird kreisfreie Stadt
1889	Hermann Neusser, Verleger der „Bonner Zeitung", gründet eine Aktiengesellschaft für einen neuen Typ von Zeitung, den „General-Anzeiger"
1898	Eröffnung der ersten Rheinbrücke
1902	Die erste elektrische Straßenbahn zwischen Bonn und Beuel nimmt den Betrieb auf

1904	Eingemeindung der Vororte Endenich, Poppelsdorf, Kessenich und Dottendorf; die Stadtfläche verdoppelt sich
1906	Die elektrisch betriebene Rheinuferbahn nach Köln wird eröffnet
1907	Bonn erhält ein eigenes Orchester
1918	Bonn von britischen Truppen besetzt; 1920 werden sie von Franzosen abgelöst, die bis 1926 als Besatzer bleiben
1933	Beginn der NS-Diktatur
1944	Beim schwersten Luftangriff auf Bonn am 18. Oktober wird die Altstadt zerstört
1945	Am 9. März wird Bonn den US-amerikanischen Truppen übergeben
1948	Bonn wird Tagungsort des Parlamentarischen Rates
1949	Der Deutsche Bundestag wählt am 3.11. Bonn zur provisorischen Bundeshauptstadt
1959	Einweihung der Beethovenhalle
1965	Einweihung des neuen Stadttheaters
1969	Am 1.8. Zusammenschluss von elf Städten und Gemeinden – Bad Godesberg, Beuel, Bonn, Duisdorf, Holzlar, Ippendorf, Lengsdorf, Lessenich, Oberkassel, Röttgen und Hoholz – zur neuen Stadt Bonn
1972	Die Konrad-Adenauer-Brücke wird eröffnet
1973	Bundeskanzler Brandt bestätigt Bonn „endgültig“ als Bundeshauptstadt
1975	Vereinbarung zum Hauptstadtausbau zwischen Bund, Land und Stadt Bonn
1979	Bundesgartenschau
1980	Papst Johannes Paul II. kommt während seines Deutschlandbesuchs nach Bonn
1989	2000-Jahr-Feier
1991	Am 20.6. beschließt der Deutsche Bundestag, seinen Sitz und den Kern der Regierungsfunktionen in die neue Hauptstadt Berlin zu verlegen
1994	Ausgleichsvereinbarung über den Verbleib wichtiger politischer Funktionen in Bonn
1996	Bonn wird UN-Stadt
1999	Verlagerung von Bundestag und Teilen der Bundesregierung nach Berlin
2000	Errichtung des „Posttower“
2006	UN-Campus fertiggestellt; in Bau befindet sich das UN-Kongresszentrum, das 2008 eröffnet werden soll

Erzbischöfe und Kurfürsten von Köln (seit dem 15. Jh.)

1414–1463	Dietrich II. von Moers
1463–1480	Ruprecht von der Pfalz
1480–1508	Hermann IV. von Hessen
1508–1515	Philipp II. von Daun-Oberstein
1515–1546	Hermann V. von Wied
1547–1556	Adolf von Schauenburg
1556–1558	Anton von Schauenburg
1558–1562	Johann Gebhard von Mansfeld
1562–1567	Friedrich IV. von Wied
1567–1577	Salentin von Isenburg
1577–1583	Gebhard Truchseß von Waldburg
1583–1612	Ernst von Bayern
1612–1650	Ferdinand von Bayern (Regentschaft als Koadjutor seit 1595)
1650–1688	Max Heinrich von Bayern
1688–1723	Joseph Clemens von Bayern
1724–1761	Clemens August von Bayern
1761–1784	Max Friedrich von Königsegg-Rothenfels
1784–1794	Max Franz von Österreich

Bonner Oberbürgermeister (seit 1800)

1800–1802	Johann Joseph Eichhoff
1802–1804	Nicolas Joseph Lejeune (kommiss.)
1804–1816	Anton Maria Karl Graf von Belderbusch
1816	Peter Joseph Eilender (kommiss.)
1817–1839	Johann Martin Joseph Windeck
1840–1850	Karl Edmund Joseph Oppenhoff
1851–1875	Leopold Kaufmann
1875–1891	Hermann Jakob Doetsch
1891–1919	Wilhelm Spiritus
1920–1922	Fritz Bottler
1923–1931	Dr. Johannes Falk
1932–1933	Dr. Wilhelm Lürken
1933–1945	Ludwig Rickert
1945–1948	Eduard Spoelgen
1948–1951	Dr. Peter Stockhausen
1951–1956	Peter Maria Busen
1956–1969	Dr. Wilhelm Daniels
1969–1975	Peter Kraemer
1975–1994	Dr. Hans Daniels
seit 1994	Bärbel Dieckmann

(nach 1946 wurde die Stadtspitze in das Amt des Oberbürgermeisters (Repräsentant der Stadt und Vorsitzender des Rates) und das Amt des

Oberstadtdirektors (Chef der Verwaltung) aufgeteilt; 1995 wurde das Amt des Oberstadtdirektors wieder abgeschafft).

Bonner Oberstadtdirektoren (seit 1947)

1947–1956	Dr. Johannes Langendörfer
1956–1964	Dr. Franz Schmidt
1964–1975	Dr. Wolfgang Hesse
1976–1987	Dr. Karl-Heinz van Kaldenkerken
1987–1995	Dieter Diekmann

Bürgermeister von Godesberg (nach 1850)

1857–1888	Carl August von Groote
1888–1914	Anton Dengler
1915–1933	Josef Zander
1933–1945	Heinrich Alef
1945–1948	Josef Zander
1948–1963	Heinrich Hopmann
1963–1969	Franz Linz

Stadtdirektoren von Bad Godesberg

1946–1947	Hermann Siebels
1948–1959	Joseph Hermanns
1959–1969	Dr. Fritz Brüse

Bürgermeister von Vilich (nach 1850), seit 1921 Bürgermeister von Beuel

1855–1891	Johann Ignaz Schnorrenberg
1891–1919	Friedrich Breuer
1921–1933	Dr. Otto Schöttler
1933–1938	Felix Hausmann
1938–1945	Wilfried Gielow
1945	Friedrich Krausch
1945–1946	Rudolf Hahn
1946	Rudolf Holstein
1946–1948	Lambert Fell
1948–1949	Peter Reuter
1949–1950	Theodor Pape
1951–1954	Rudolf Holstein
1954–1961	Johann Link
1961–1969	Hans Steger

Stadtdirektoren von Beuel

1946–1956	Rudolf Hahn
1956–1969	Franz Brock

Literatur

Das Verzeichnis umfasst die neben amtlichen Quellen der Stadt Bonn für die vorliegende Darstellung verwendeten Einzelwerke, Sammelbände und Beiträge in Zeitschriften und Reihen zur Landes- und Ortsgeschichte.

Adenauer, Konrad: Erinnerungen 1945–1953. Stuttgart 1965.

Becker, Thomas: Rheinische Friedrich-Wilhelms-Universität Bonn. Erfurt 2004.

Berzheim, Bernhard: Venusberg. Der Balkon von Bonn. Geschichte eines Stadtteils. Bonn 2001.

Biesing, Winfried: Der Petersberg. Von der Fliehburg zur Residenz für Staatsgäste. Schindellegi 1990.

Bonn. Facetten einer Stadt. Von Auerberg bis Mehlem, von Hoholz bis Röttgen – alle 50 Ortsteile im Portrait. Bonn 1999.

Borger, Hugo: Bemerkungen zum Bauen im Bonner Raum 1949–1969. In: Festschrift für Hermann Wandersleb zur Vollendung des 75. Lebensjahres. Hg. Von Viktor-Emanuel Preusker. Bonn 1970, S. 49–57.

Bothien, Horst-Pierre/Stang, Erhard: Bonn im Bombenhagel – 18. Oktober 1944. Gudensberg-Gleichen 2004.

Braubach, Max: Bonner Professoren und Studenten in den Revolutionsjahren 1848/49. Köln/Opladen 1967.

Braubach, Max: Die erste Bonner Hochschule. Maxische Akademie und Kurfürstliche Universität 1774/77–1798. Bonn 1968.

Braubach, Max: Maria Theresias jüngster Sohn Max Franz. Letzter Kurfürst von Köln und Fürstbischof von Münster. Wien/München 1961.

Clemen, Paul: Die Kunstdenkmäler der Stadt und des Kreises Bonn. Düsseldorf 1905 (Die Kunstdenkmäler der Rheinprovinz 5/3).

Der Parlamentarische Rat. 1. September 1948 – 23. Mai 1949. Eine Ausstellung des Bundesarchivs. Koblenz 1988.

Dollen, Busso van der: Vorortbildung und Residenzfunktion. Eine Studie zu den vorindustriellen Stadt-Umland-Beziehungen, dargestellt am Beispiel Bonn-Poppelsdorf. Bonn 1978 (Veröffentlichungen des Stadtarchivs Bonn 20).

Ennen, Edith: Die europäische Stadt des Mittelalters. 4. Aufl., Göttingen 1987.

Ennen, Edith/Höroldt, Dietrich: Vom Römerkastell zur Bundeshauptstadt. 4. Aufl., Bonn 1985.

Ennen, Edith/Höroldt, Dietrich (Hg.): Aus Geschichte und Volkskunde von Stadt und Raum Bonn. Festschrift Josef Dietz. Bonn 1973 (Veröffentlichungen des Stadtarchivs Bonn 10).

Goetzendorf, Günter: „Das Wort hat der Abgeordnete ...". Erinnerungen eines Parlamentariers der ersten Stunde. München 1989.

Grah, Theodor: Geschichte des Kreuzberges bei Bonn. 2. Aufl., Bonn 1988.

Haentjes, Walter: Geschichte der Godesburg. Bonn 1960.

Haentjes, Walter: Redoute. 2. Aufl., Godesberg 1964.

Hansmann, Wilfried: Internationale Künstler in Bonn 1700–1860. Bonn 1984 (Veröffentlichungen des Stadtarchivs Bonn 35).

Henke, Winfried; Schmitz, Ralf W.; Street Martin: Die späteiszeitlichen Funde von Bonn-Oberkassel. In: Roots / Wurzeln der Menschheit. Rheinisches Landesmuseum, Bonn und Mainz 2006.

Heyer, Helmut: Die Kreuzkirche in Bonn. Entstehung und Schicksale der evangelischen Stadtkirche. Bonn 1988 (Veröffentlichungen des Stadtarchivs Bonn 41).

Höroldt, Dietrich: 25 Jahre Bundeshauptstadt Bonn. Eine Dokumentation. In: Bonner Geschichtsblätter 26, 1974, S. 9–191 (Veröffentlichungen des Stadtarchivs Bonn 14).

Höroldt, Dietrich (Hg.): Bonn als kurkölnische Haupt- und Residenzstadt 1597–1794. Bonn 1989 (Geschichte der Stadt Bonn, Bd. 3).

Höroldt, Dietrich (Hg.): Bonn. Von einer französischen Bezirksstadt zur Bundeshauptstadt 1794–1989. Bonn 1989 (Geschichte der Stadt Bonn, Bd. 4).

Höroldt, Dietrich (Hg.): Stadt und Universität. Rückblick aus Anlass der 150-Jahr-Feier der Universität Bonn. Bonn 1969 (Veröffentlichungen des Stadtarchivs Bonn 6).

Höroldt, Dietrich/Van Rey Manfred (Hrsg.): Bonn in der Kaiserzeit 1871–1914. Festschrift zum 100-jährigen Jubiläum des Bonner Heimat- und Geschichtsvereins. Bonn 1986.

Hupka, Herbert: Einladung nach Bonn: München 1974.

In Bonn katholisch sein. Ursprünge und Wandlungen der Kirche in einer rheinischen Stadt. Hg. vom Katholischen Bildungswerk Bonn. Bonn 1989.

Keßler, Walter: Carl Schurz. Kampf, Exil und Karriere. Köln 2006.

Krietsch, Sabine: Die wirtschaftliche Entwicklung Beuels. Von der Landgemeinde zum Stadtbezirk (1809–1969). Bonn 1973 (Studien zur Heimatgeschichte des Stadtbezirks Bonn-Beuel 17).

Kross, Siegfried (Hg.): Beethoven, Mensch seiner Zeit. Bonn 1980.

Lademacher, Horst: Die nördlichen Rheinlande von der Rheinprovinz bis zur Bildung des Landschaftsverbandes Rheinland (1815–1953). In: Rheinische Geschichte, hgg. von Franz Petri und Georg Droege, 2. Bd., 2. Aufl., Düsseldorf 1976.

Maurer, Doris/Maurer, Arnold E.: Bonn erzählt. Streifzüge durch das literarische Bonn von 1780 bis 1980. Bonn 1986.

Mayer, Eberhard/Fehn, Klaus/Höllermann, Peter-W. (Hg.): Bonn –

Stadt und Umland. Festschrift zum 75-jährigen Bestehen der Gesellschaft für Erd- und Völkerkunde zu Bonn. Bonn 1988.
McGhee, George: Botschafter in Deutschland 1963–1968. München 1989.
Neu, Heinrich: Die Kommende Ramersdorf. Ein Denkmal des Deutschen Ordens und seine kulturgeschichtliche Bedeutung. Beuel 1967.
Norden, Günther van / Schmidt, Klaus (Hg.): Sie schwammen gegen den Strom. Widersetzlichkeit und Verfolgung rheinischer Protestanten im „Dritten Reich". Köln 2006.
Panten, Helga: Die Bundesgartenschauen. Eine blühende Bilanz seit 1951. Stuttgart 1987.
Partzsch, Dieter: Sie lebten einst in Kessenich. Bonn 1997.
Pempelfort, Karl (Hg.): Bonn und sein Theater. Bonn 1965.
Ratzinger, Joseph: Aus meinem Leben. Erinnerungen. Stuttgart 1998.
Reuther, Helmut (Hg.): Staatsgäste im Bonner Rathaus. 40 Jahre Bundeshauptstadt. Bonn 1989.
Rey, Manfred van (Hg.): Von der Urkunde zur CD. Geschichte und Bestände vom Stadtarchiv und Stadthistorischer Bibliothek Bonn. Bonn 2000 (Veröffentlichungen des Stadtarchivs Bonn 60).
Rey, Manfred van (Hg.): Bonn von der Vorgeschichte bis zum Ende der Römerzeit. Bonn 2001 (Geschichte der Stadt Bonn, Bd. 1).
Rey, Manfred van/Schloßmacher, Norbert (Hg.): Bonn und das Rheinland. Festschrift Dietrich Höroldt. Bonn 1992 (Veröffentlichungen des Stadtarchivs Bonn 52).
Ruckstuhl, Karl: Geschichte der Lese- und Erholungsgesellschaft in Bonn. In: Bonner Geschichtsblätter 15, 1961, 26–180.
Rummel, Alois (Hg.): Bonn – Sinnbild deutscher Demokratie. Zur Debatte um Hauptstadt und Regierungssitz. Bonn 1990.
Schloßmacher, Norbert: „Die Aufregung ist hier permanent und Bonn die unruhigste Stadt am Rhein". Bonn 1848/49. Beiträge zum 150. Jahrestag der Deutschen Revolution. Bonn 1998 (Veröffentlichungen des Stadtarchivs Bonn 59).
Schmidtbonn, Wilhelm: Der dreieckige Marktplatz. Berlin 1935.
Schulte, Albert: Romantisches Godesberg. Bad Godesberg 1969.
Schulte, Klaus: Bonner Juden und ihre Nachkommen bis um 1930. Eine familien- und sozialgeschichtliche Dokumentation. Bonn 1976 (Veröffentlichungen des Stadtarchivs Bonn 16).
Schumacher-Hellmold, Otto: Bonn – Eine Entscheidung des Herzens. Warum sie Bonn zur Bundeshauptstadt wählten. Ein dokumentarischer Erlebnisbericht. Bonn 1974.
Sonntag, Olga: Villen am Bonner Rheinufer von 1819–1914. 3 Bde. Bonn 2000.
Weffer, Herbert: Endenich. Die Geschichte eines Bonner Vorortes. Bonn 1987.
Weffer, Herbert: So lebten sie im alten Bonn. Köln 1984.

Winter, Ingelore M.: Unsere Bundespräsidenten. Von Theodor Heuss bis Johannes Rau. Acht Porträts. Düsseldorf 1999.
Zehnder, Frank Günter (Hg.): Im Wechselspiel der Kräfte. Politische Entwicklungen des 17. und 18. Jahrhunderts in Kurköln. Köln 1999.

Register

Ortsregister (allgemein)

Ortsregister (Bonn)

Personenregister

Bildnachweis

Autor: S. 22, 67, 93, 114, 123 und Umschlagmotiv
Beethoven-Haus Bonn: S. 65
Heimatmuseum Beuel: S. 83
JOKER: S. 10/11 (Foto: Hartwig Lohmeyer)
Rheinisches Bildarchiv Köln: S. 27, 57
Rheinisches LandesMuseum Bonn: S. 17, 19
Stadtarchiv und Stadthistorische Bibliothek Bonn: S. 28, 39, 43, 46, 58, 60, 64, 73, 90, 95, 104, 107, 110
StadtMuseum Bonn: S. 79
ullstein bild, Berlin: S. 61, 117, 121, 126, 130

Stadtplan: Darstellung auf der Grundlage der Straßenkarte Bonn mit Genehmigung des Kataster- und Vermessungsamtes der Bundesstadt Bonn vom 29. 11. 06 Nr. 112/06.

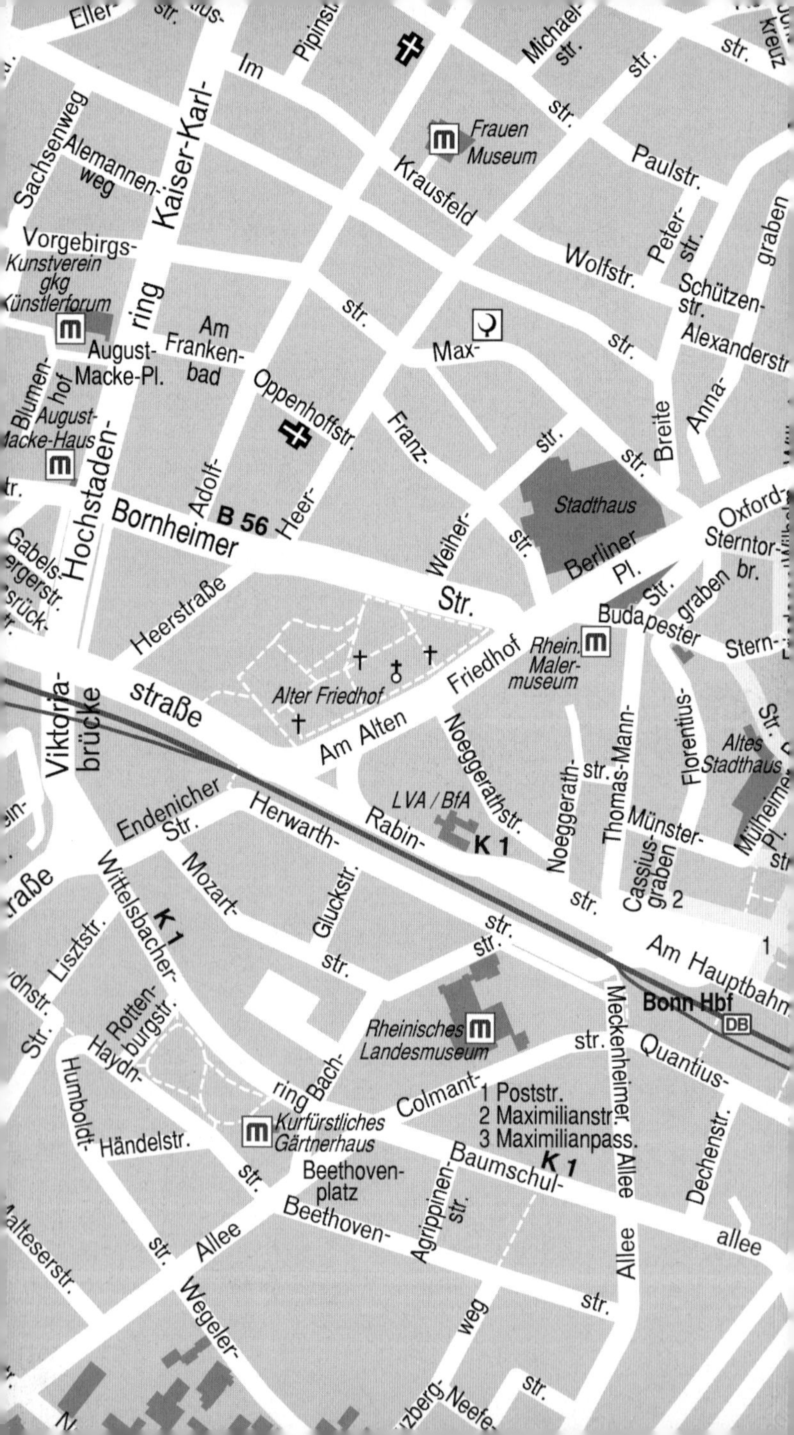
Frauen Museum
Kunstverein gkg Künstlerforum
August-Macke-Pl.
August-Macke-Haus
Am Frankenbad
B 56
Stadthaus
Berliner Pl.
Rhein. Malermuseum
Alter Friedhof
LVA / BfA
K 1
Altes Stadthaus
Bonn Hbf
DB
Rheinisches Landesmuseum
Kurfürstliches Gärtnerhaus
Beethovenplatz
1 Poststr.
2 Maximilianstr.
3 Maximilianpass.
Kaiser-Karl-ring
Hochstadenring
Bornheimer Str.
Viktoriabrücke
Oppenhofstr.
Heerstraße
Endenicher Str.
Herwarth-Rabin-str.
Am Hauptbahnhof
Meckenheimer Allee
Quantius-str.
Colmant-str.
Baumschul-allee
Poppelsdorfer Allee
Beethoven-str.
Wittelsbacher-ring
Mozart-str.
Gluckstr.
Bach-str.
Thomas-Mann-str.
Noeggerathstr.
Münster-str.
Cassius-graben
Paulstr.
Wolfstr.
Peter-str.
Schützen-str.
Alexanderstr.
Oxford-str.
Sterntor-br.
Budapester Str.
Friedhof
Am Alten
Franz-str.
Weiher-str.
Max-str.
Krausfeld
Michael-str.
Vorgebirgs-str.
Alemannen-weg
Sachsenweg
Blumenhof
Adolf-str.
Heer-str.
Lisztstr.
Rotten-burgstr.
Haydn-str.
Humboldt-str.
Händelstr.
Agrippinen-str.
Dechenstr.
Wegeler-str.
Neefe-str.

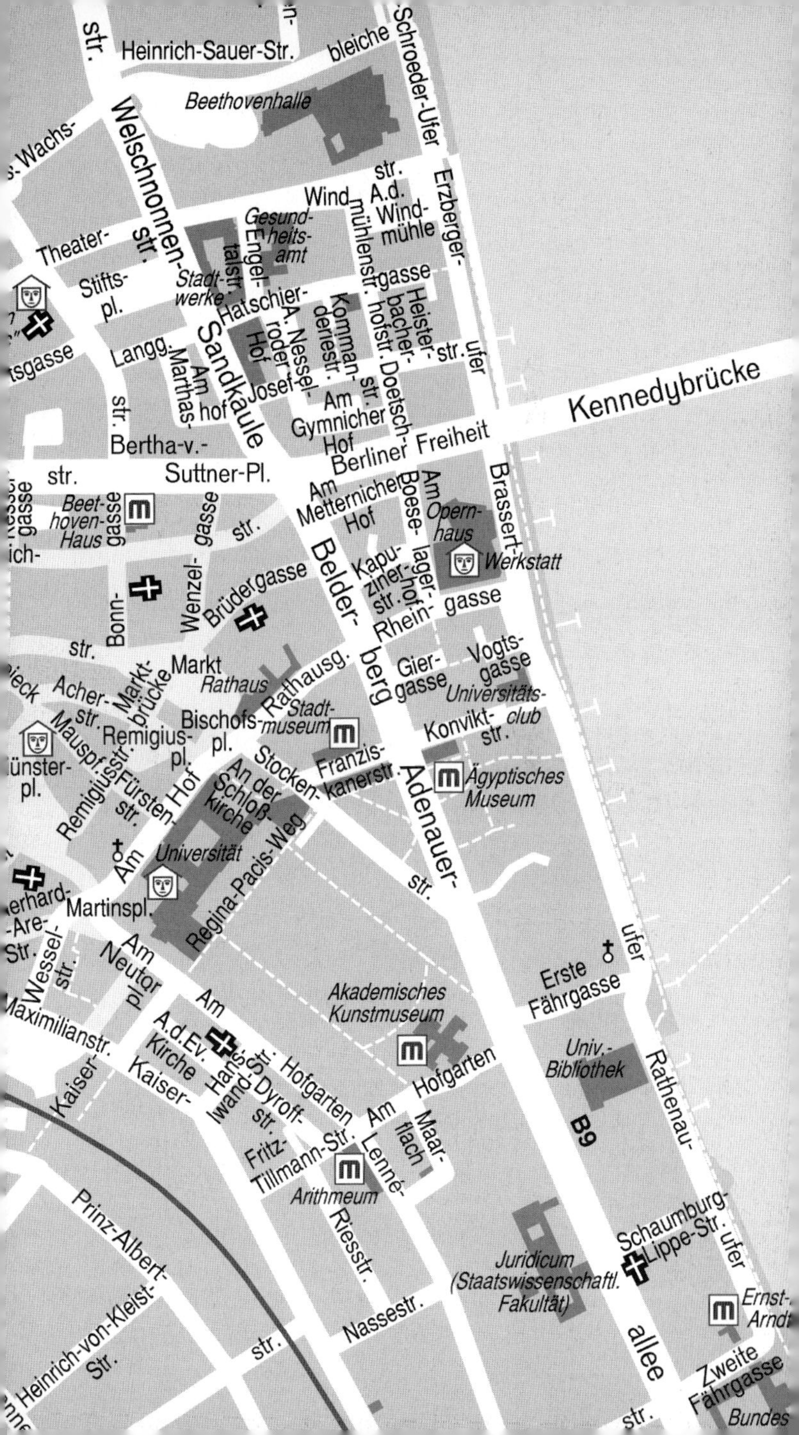
Heinrich-Sauer-Str.
bleiche
Schroeder-Ufer
Beethovenhalle
Welschnonnen-str.
Wachs-
Wind
A.d. Windmühle
Erzberger-ufer
Gesundheitsamt
Engeltalstr.
Theater-
Stifts-pl.
Stadtwerke
Hatschier-gasse
Mühlenstr.
Sandkaule
A. Nesselroder Hof
Kommanderiestr.
Heisterbacherhofstr.
Doetsch-str.
Kennedybrücke
Langg.
Am Marthashof
Josef-str.
Am Gymnicher Hof
Berliner Freiheit
Bertha-v.-Suttner-Pl.
str.
Am Metternicher Hof
Am Boeselagerhof
Opernhaus
Werkstatt
Brassert-ufer
Beethoven-Haus
gasse
Wenzelgasse
Bonngasse
Brüdergasse
Belderberg
Kapuzinerstr.
Rheingasse
Markt
Rathaus
Rathausg.
Giergasse
Vogtsgasse
Universitätsclub
Marktbrücke
Acherstr.
Bischofspl.
Stadtmuseum
Konviktstr.
Remigiuspl.
Remigiusstr.
Mauspf.
Münsterpl.
Fürstenstr.
Stockenstr.
Franziskanerstr.
Adenauer-allee
Ägyptisches Museum
An der Schloßkirche
Hof
Regina-Pacis-Weg
Universität
Am Hof
Martinspl.
Gerhard-v.-Are-Str.
Wesselstr.
Am Neutor pl.
Maximilianstr.
Erste Fährgasse
Akademisches Kunstmuseum
A.d.Ev. Kirche
Am Hofgarten
Hans-Iwand-Str.
Dyroffstr.
Kaiserstr.
Hofgarten
Univ.-Bibliothek
Rathenau-ufer
B9
Fritz-Tillmann-Str.
Am Lenné
Maarflach
Arithmeum
Riesstr.
Prinz-Albert-str.
Heinrich-von-Kleist-Str.
Nassestr.
Juridicum (Staatswissenschaftl. Fakultät)
Schaumburg-Lippe-Str.
Ernst-Arndt
Zweite Fährgasse
Bundes

Internetadressen

www.bonn.de (offizielle Homepage der Stadt Bonn mit zahlreichen Links und Querverweisen)
www.bonnsite.de (Internetmagazin mit Infos und Tipps rund um Bonn
www.bonn-region.de (Informationen über Veranstaltungen in Stadt und Region)
www.wissenschaftsregion-bonn.de (Wissenschaftliche Einrichtungen in der Region)
www.unric.org (Informationsseite der Vereinten Nationen)

Museen, Sammlungen, Forschungseinrichtungen

www.stadtarchiv.bonn.de
www.bonn.de/stadtmuseum
www.uni-bonn.de (Homepage der Rheinischen Friedrich-Wilhelms-Universität)
www.landesgeschichte.uni-bonn.de (Abteilung für rheinische Landesgeschichte)
www.hgv-beuel.de (Heimat- und Geschichtsverein Beuel)
www.hdg.de (Haus der Geschichte der Bundesrepublik Deutschland)
www.rlmb.lvr.de (Rheinisches Landesmuseum Bonn)
www.wegderdemokratie.de (Rundgang zu Orten der politischen Geschichte)
www.beethoven-haus-bonn.de
www.schumannhaus-bonn.de
www.august-macke-haus.de
www.adenauerhaus.de
www.deutsches-museum.de/bonn (Technik und Forschung nach 1945)
www.arithmeum.uni-bonn.de (Sammlung mechanischer Rechenmaschinen)
www.museum-koenig.de (Zoologisches Forschungsmuseum)
www.frauenmuseum.de
www.bundeskunsthalle.de
www.kunstmuseum.bonn.de (u.a. Rheinische Expressionisten)

Kirchen

www.bonner-muenster.de
www.bonn-evangelisch.de

Medien

www.dw-world.de
www.general-anzeiger.de
www.merkur.de

Theater, Oper, Konzerte

www.theater-bonn.de
www.beethovenhalle.de
www.beethovenfest.de
www.eurotheater.de
www.kleinestheater-badgodesberg.de